秦 亡 天 下

晋公子 著

四川大学出版社
SICHUAN UNIVERSITY PRESS

项目策划：欧风偃
责任编辑：欧风偃　荆　菁
责任校对：黄蕴婷
封面设计：墨创文化
封面题字：卿　磊
责任印制：王　炜

图书在版编目（CIP）数据

秦亡天下 / 晋公子著 . — 成都：四川大学出版社，2022.3

（晋公子读《史记》）

ISBN 978-7-5690-4152-1

Ⅰ . ①秦… Ⅱ . ①晋… Ⅲ . ①中国历史－秦汉时代－通俗读物 Ⅳ . ① K232.09

中国版本图书馆 CIP 数据核字（2021）第 002827 号

书　名	秦亡天下
	Qin Wang Tianxia
著　者	晋公子
出　版	四川大学出版社
地　址	成都市一环路南一段 24 号（610065）
发　行	四川大学出版社
书　号	ISBN 978-7-5690-4152-1
印前制作	四川胜翔数码印务设计有限公司
印　刷	四川五洲彩印有限责任公司
成品尺寸	145mm×210mm
插　页	2
印　张	9.5
字　数	198 千字
版　次	2022 年 3 月第 1 版
印　次	2022 年 3 月第 1 次印刷
定　价	48.00 元

版权所有 ◆ 侵权必究

◆ 读者邮购本书，请与本社发行科联系。
　电话：(028)85408408/(028)85401670/
　(028)86408023　邮政编码：610065
◆ 本社图书如有印装质量问题，请寄回出版社调换。
◆ 网址：http://press.scu.edu.cn

四川大学出版社
微信公众号

序　言

卿磊博士是古代文学博士。常言道"文史不分家",但我感觉,他的史学兴趣比文学兴趣浓厚得多。毕业后,从教之余,肆力于《史记》等史学名著,慧心独具,不愿孤芳自赏,近年在自媒体上开辟"晋公子读《史记》"专栏,以生动晓畅的文字,来讲述《史记》人物与故事,日积月累,结集成书,就是这套奉献给读者的《晋国春秋》《吴楚世仇》《秦亡天下》和《汉家烟尘》。

这部书不是严格意义上的学术专著,而是随笔性质的"古史今读"。其中没有晦涩得化不开的学术语言,也没有繁琐的文献注释和炫耀博学的参考书目。这些文字,你可以把它当作历史故事来读——当然,和小说的故事虚构不同,本书的故事里,对历史人物和历史事件的观察与叙述都尽最大的努力去做到有据可依。

如果你习惯了《三国演义》式的历史小说,读这部书的时候可能会觉得它有些不一样。《三国演义》讲故事的办法，总是尽可能把历史人物的本领表面化。比方说诸葛亮。在他正式出场之前，小说第三十七回《司马徽再荐名士》写到水镜先生对卧龙的评价，说他可比"兴周八百年之姜子牙，旺汉四百年之张子房"。认真说起来，这是罗贯中为诸葛亮改造过的"人设"。因为姜子牙是西周灭商的谋主，司马迁所谓"周西伯昌之脱羑里归，与吕尚阴谋修德以倾商政，其事多兵权与奇计，故后世之言兵及周之阴权皆宗太公为本谋"（《史记·齐太公世家》），而张良呢，《史记》载，乃是《太公兵法》的嫡派传人，刘邦金口誉为"运筹帷幄，决胜千里"的军事战略家。历史上真实的诸葛亮，其实和这两位军事家并不一样。他不像太公而像周公，不像张良而像萧何。陈寿说孔明"可谓识治之良才，管、萧之亚匹矣。然连年动众，未能成功，盖应变将略，非其所长欤！"（《三国志·诸葛亮传》）

　　陈寿对诸葛亮的这番评价，罗贯中当然不会不知道，但他仍然执着地要将诸葛亮从一个治国理民的政治家改造成神机妙算的军事天才，其间的苦衷，恐怕正因为通俗小说面对的是市井大众。决胜千里的张良，他的厉害是摆在面儿上的，老百姓一眼就能瞧出来；可坐镇关中、足食足兵的萧何厉害在哪儿呢？在普罗大众眼里，他比起张良似乎平庸得多了，更多人对萧何之于汉朝基业的贡献是不甚了了的。

序言

　　《三国演义》对诸葛亮的"改造"很精彩,但也因此在小说里凭空增添了许多"火烧博望""火烧新野"一类的骑马打仗的故事。本书作者不想学罗贯中,不想专注于写骑马打仗的故事,尽管这部书讲述的是从春秋到西汉,那一段接一段烽火连天的岁月。

　　历史的精彩并不只存在于战场之上。相比于晋楚两国的城濮之战,重耳与楚成王充满言谈机锋的宴席,比战场上的兵戎相见更令人心惊胆战;较之长平之战,秦昭王在渑池会上戏弄赵国君臣的谋篇布局更令人击节称赏。本书的看点,就是将政治家复归为政治家,外交家复归为外交家,在谈判桌上,在宫闱之间,在宴席之上,在觥筹交错之中,去讲述他们的"厉害"。而且,相比于他们的"厉害",本书更多讲述他们的"不厉害",让这些历史人物复归为一个有血有肉的普通人。因为只有这样,才能看清在历史的惊涛骇浪之中,那些伟大的名字曾经有过的困顿、挣扎、煎熬和蜕变。

　　《史记》是中国史学的经典,常读常新,能启人神智。但对广大普通读者来说,却有两重障碍:一是文字,二是书写方式。众所周知,《史记》是以人物为中心的"纪传体",很多重大事件的叙述是"互见",出现在不同的人物传中,除非通读全书,至少阅读相关人物的传记,否则很难形成整体印象。我认为,此书的一大优点,就是采用了比较符合现代普通读者阅读习惯的叙述方式，打通人物传记，串联历史事件，形成若干引人入胜的话题，娓娓道来。可信性与可读性集于一书，这便是我推荐此书的理由。

谢　谦
2021 年 6 月于湖南大学岳麓书院望江楼

目 录

秦国崛起　　/001

吴起变法　　/020

魏国兴衰　　/030

燕齐恩怨　　/045

从胡服骑射到长平之战　　/063

战国四公子　　/123

秦昭王与秦相　　/164

秦始皇　　/203

陈涉世家　　/221

项羽和刘邦　　/250

秦国崛起

壹

在中国历史上,有这样一群神秘的人。一方面,从夏朝以来,他们就归化于中央政权,一直接受着中原文明的洗礼;春秋之后,封土建国的他们更是为了融入中原文明的怀抱而不断东扩。另一方面,长期与戎狄杂处的生存环境又让这些好勇斗狠的战士被中原诸侯视为"蛮夷",受到他们的鄙视与排斥。这个由华夷血脉交融而成的神秘族群建立的国家,就是司马迁笔下的秦国。

《史记》当中对殷、周和秦人起源的记载具有惊人的相似性。在司马迁的叙述中,这三朝的始祖都可以追溯到帝舜时代的名臣。殷商的始祖是帝舜时代的司徒殷契;周人则是那个时代的著名农师后稷的传人;至于秦人,"嬴氏"最初是帝舜赐予传说中佐禹治水的贤臣伯益的姓氏。三朝始祖不但属于同一时代,而且居然同朝为官,这样的传说实在不能不让人质疑它的真实性。

事实上,这些传说很可能出自后人的杜撰,因为在司马迁介绍殷契、后稷与伯益的身世的时候,出现了一个非常有意思的雷同情节:《史记》说简狄在野外沐浴的时候吞食了一颗玄鸟诞下的卵,感而成孕,生下了殷契;而姜原则是在野外踩中了一个巨人的脚印,鬼使神差地怀了后稷这个让她感觉不祥的儿子(所以母亲给他取名为"弃");至于女修诞下伯益的传说,则不过是又一个"玄鸟陨卵"的翻版故事罢了。

这些传说的共同点是,它们确切地指出了三朝始祖的母亲是谁,但人们无法从中知道他们的父亲是哪一位。这很可能意味着商、周和秦都起源于母系氏族社会时期。在那个时代,人们只知其母,不知其父。而当历史推进到父系氏族社会,后人再回头追溯氏族的起源时,他们的父系先祖已变成了一笔剪不断理还乱的糊涂账,只能靠传说和想象去补充了。

虽然三朝起源的传说很可能出自后人的杜撰,但这些传说中对殷、商和秦的族群性格的形容对我们仍然具有重要的参考价值。钱穆先生在《国史大纲》中说:

> 禹为司空治水,弃后稷司稼穑,而契为司徒主教化。禹、稷皆象征一种刻苦笃实力行的人物,而商人之祖先独务于教育者,仍见其为东方平原一个文化优美耽于理想的民族之事业也。

殷契为司徒，职司教化，象征着殷商民族对文化事业的重视；后稷为农师，教民稼穑，意寓着西周这个农耕部落勤劳笃实。而伯益是传说中的"虞人"，佐舜"调训鸟兽"，他的后代费昌和孟戏、中衍还分别做过商汤和太戊两朝天子的御者，这些传说似乎暗示我们，从经济形态上看，嬴氏是以驯兽放牧为主的游牧部落。而司马迁"或在夷狄，鸟身人言"的描述则说明，在文化特征上，嬴氏是归化于中原王朝的戎狄。事实上，直到西周，中原诸侯谈到嬴氏的时候仍然称呼他们为"戎"。

　　同时接受着中原文化和少数民族文化的交互影响，这种交融的特征从嬴氏部落最初兴起的时候便已见端倪。

贰

　　自从孟戏、中衍受到商王太戊的眷顾，质朴而勇敢的嬴氏部落便死心塌地效忠商朝，并且因为屡立功勋，逐渐跻身显赫诸侯的行列。嬴氏对中原王朝最重要的价值是充当"以夷制夷"的急先锋，到了商朝晚期，他们已然成为殷商镇抚西戎的主要力量。也恰恰是在这个时候，嬴氏第一次与崛起的西周打上了交道。

　　中衍的曾孙胥轩迎娶了申国先祖骊山的女儿，而申国正是西周的姻亲姜氏的封国。因为有了这层关系，胥轩之子中潏和西周保持亲善，也借此为殷商王朝维持住了西疆的稳定。

但这种短暂的和睦并没有持续太长的时间。到了殷商与西周的矛盾日益激化的时候,嬴氏左右逢源的好日子就算走到头了。这个时候他们选择了左袒殷商。中潏的儿子蜚廉和孙子恶来都以才力侍奉殷纣王。结果在武王伐纣的时候,恶来被杀,出使在外的蜚廉闻讯,也为殷商殉节。

在商、周之间选边站队,对嬴氏来说当然是一次危险的赌博,不幸的是他们押错了宝。商朝的覆灭带给嬴氏的不仅是亡国的耻辱,更是部落分崩离析的深重危机。

刚刚夺取天下的西周,对殷商庞大的残余势力相当忌惮(在今天出土的西周金文中,周人称呼殷商为"天邑商"或者"大国殷",而自称"小邦周")。为了削弱殷商的旧势力,巩固自己的统治,周朝将殷商的遗民拆分,交给分封的诸侯国进行统治。

《史记·秦本纪》中记载,入周之后,嬴氏部落也分为两支,一支留在今天的陕西,另一支则迁徙到了今天的山西。我猜想,这样的迁徙很可能就是西周对嬴氏这个曾经在灭商战争中反对过自己的部落进行分化瓦解的结果。

落籍到山西的那一支嬴氏部落,到周穆王时期才再度崛起。他们的领袖造父成为周穆王的御者。造父善御,一日千里,凭借这个本领在平定东夷盟主徐偃王的叛乱中立下了汗马功劳。周穆王投桃报李,以赵城封造父,造父一族遂姓了赵氏,这便是战国七雄之一赵国的始祖。从伯益的调训鸟兽到造父的一日千里,再到后来赵武灵王胡服骑射，赵氏一族一直保持着在马背上建功立业的光荣传统。

留在陕西的那一支嬴氏部落则经历了更加曲折的沧桑变故。他们虽然守住了先祖的故地，但是在新朝的处境已经与殷商时期有了翻天覆地的变化。曾经，他们是远离王朝政治中心的西垂诸侯，如今他们的聚居地犬丘却密迩王畿，与西周的都城镐京是如此接近。

对眼皮子底下的战败者，周天子的感情可能相当复杂。一方面，这个曾经与自己间接联姻的部落在武王伐纣的大决战中毫不犹豫地站到了自己的对立面，实在是个可恶的敌人；另一方面，长久以来镇抚西戎的经验与威望又让嬴氏极具利用价值，难以割舍。

虽然如何对待嬴氏在我们看来可能是一个颇费思量的政治问题，但是请不要忘记，西周和嬴氏有着类似的经历，都是长期僻处西戎，在与少数民族的冲突与共融中成长起来的。因此在对待嬴氏部落的问题上，西周的分寸拿捏得非常恰当，那就是既利用，又防备。

那个曾经为周人与嬴氏牵线搭桥的申国又一次出马了。周天子将申侯的女儿嫁给了嬴氏部落首领大骆的嫡子成，再度建立了双方的姻亲关系。同时，大骆的另一个儿子非子则因为在汧、渭之滨为周孝王养马得力，被周孝王封到了秦邑，也就是汧水与渭水交汇的地方。

于是,"秦嬴"的称号第一次出现在中国历史的记载中。

叁

效命西周的经历,对陕西的两支嬴氏后裔来说都充满着压抑与血泪。

到了非子的曾孙秦仲当家的时候,周厉王的倒行逆施激起了西戎的激烈反抗。城门失火,殃及池鱼,居住在犬丘的成的家族就在这次大规模叛乱中被全部消灭。

但是,遭受惨重损失的嬴氏部落非但没有从周天子那里获得相应的抚慰,反而被迫继续为西周晚期的动荡与乱局买单。周厉王的儿子周宣王登基之后,为了实现周朝的中兴,积极对外扩张,他利用嬴氏被西戎族灭的仇恨,任命秦仲为大夫讨伐西戎,导致秦仲为西戎所杀。

秦仲的长子秦庄公继承了他的遗志,带领着四个弟弟和周天子派给的七千军队,终于完成了父亲未竟的事业,并因此获得了周天子那少得可怜的封赐:将秦邑和犬丘故地赐予秦庄公,号为"西垂大夫"。

用几代人的鲜血和生命换来的"西垂大夫"对秦庄公来说是一种耻辱。这个名分意味着他只是一个依附于周天子的"家臣",

是一个安靖西陲的护院保镖。当秦庄公带着一身的征尘与血污回朝复命时,他分明看到了周天子对秦人的傲慢:这个在殷商时代曾经堂堂正正的一方诸侯,现在只不过是一个匍匐于天子脚边的粗鄙而低贱的奴仆。

为了摆脱西周附庸的卑贱地位,秦庄公和他的儿子秦襄公苦苦地等待了半个世纪。直到秦襄公七年(公元前771年),昏庸的周幽王终于让秦人看到了独立建国的曙光。

就在这一年的春天,因为嬖爱褒姒,周幽王做出了废嫡立庶的错误决定,将原来的太子废黜,立褒姒的儿子伯服为新太子。这可大大地惹恼了西周的姻亲申国,因为原太子宜臼是申侯的外孙,他的母亲申后是申侯的女儿。

废黜宜臼直接导致了申国与周幽王的决裂。申侯联合西夷与犬戎,出兵杀死周幽王,并扶立太子宜臼即位新君,是为周平王。

平王与幽王父子相残的惨剧对周王室的权力和威信造成了致命的打击。一方面,镐京的沦陷使得周天子直辖的王畿之地大幅缩水,实力大为削弱;另一方面,周平王以臣犯君、以子弑父,也让他继承王位的合法性受到了各国诸侯的质疑。虢公翰出于对周平王的不满,甚至扶立周幽王的弟弟余臣登基,致使动荡的西周一度出现了平王、携王二王并立的分裂局面。关中已是遍地烽火,满目狼藉,而这对于一直受到周王室压抑和轻视的秦人来说却是天赐良机,因为此时的渭河平原上罕见地出现了巨大的权力真空,而秦人是最有可能填补它的军事力量。

虽然秦人世代屈身为周天子的家奴,但眼下国步艰难,周平王再不能像先王那样忽视秦襄公的存在和实力了。可要安抚秦人就得颁下爵位与封地,而两手攥空拳的周平王实在是无地可封。踌躇之后,周平王想出了一个画大饼的馊主意:"戎狄无道,如果秦能够攻逐戎狄,那打下来的地盘就全是你的!"

这个画饼充饥的赏赐不但暴露了周王室的衰落,而且在周、秦本不愉快的交往历史中再添了一笔阴暗的色彩。但是看着周平王那张无赖的脸,感到羞辱的秦襄公仍然选择了与他盟誓,坦然接受了这张空头支票。因为秦襄公知道,一张合法的"准生证"是秦人及其建立的国家将来融入华夏大家庭的先决条件。至于地盘,与戎狄征战多年的秦人可不会畏敌如虎。秦国的剑与犁,迟早会插遍关中这片四塞之地!

从双方歃血盟誓的那一刻起,秦国正式登上了春秋时期的历史舞台。

二十年以后(公元前750年),秦文公击败戎狄,收复了宗周故地。

又过了七十三年(公元前677年),秦德公将都城迁到了雍。之所以迁都,是因为卜辞中说:"都雍,秦国的子孙将来必定会饮马黄河。"

割据西方的秦国已经不再满足于做一个偏安的诸侯，它开始将目光投向黄河之畔的洛阳。那里是中原，是大禹九鼎和权力巅峰的所在！从这时起，秦国那混合着泪水与欢笑、耻辱与光荣的东征岁月便拉开了帷幕。

肆

让中原诸侯第一次见识了秦人风采的人，是春秋贤君秦穆公。作为秦国东征国策最高明的策划者与最坚定的执行人，秦穆公一生都在为秦国挺进中原的事业而奋斗不息。

在刚刚即位的那一年（公元前659年），秦穆公就迫不及待地亲率师旅，攻占茅津。茅津的故址在今山西省平陆县南黄河北岸，对岸就是今天的三门峡市。攻克茅津，意味着秦人的双手已经推开了中原的大门。这让秦国的近邻晋国感到非常紧张。志在称霸的晋献公显然洞悉了秦穆公的战略意图，卧榻之侧，岂容他人鼾睡！作为姬姓诸侯中的最强者，晋献公统治下的晋国是不会允许秦人染指中原政局的。

因此，就在秦穆公攻打茅津的四年之后，公元前655年，晋献公使用假途灭虢之计，一举攻占了黄河两岸的虞国与虢国，遮断了秦国挺进中原的道路。这是一次极其危险的军事行动，因为晋军占领虢国，阻挡秦军东进，秦、晋两大国的迎头对撞就在眼前了！但是老谋深算的晋献公似乎并不打算立即与秦国展开一场全面战争，几乎就在发动灭虢战役的同时，他又展开外交布局，将女儿嫁给秦穆公，试图通过联姻的方式维持与秦国之间脆弱的和平。

当秦穆公的新夫人在晋国陪臣的护送下前往秦国的时候，晋献公还特地让她捎带了一件意味深长的陪嫁礼物：虞国的亡臣百里奚。

从百里奚的身份推测，他的到来可能暗示着晋献公与秦国和谈的两个条件：

其一，晋献公将百里奚这个虞国的亡臣送到秦国，是要警告秦穆公，虞国现在已是晋国的囊中之物，晋国不会允许秦国通过它的新占领区向中原伸手。这是晋国的核心利益所在，是不能谈判的利益红线。

其二，百里奚是以陪嫁的身份来的，这暗示着晋献公对未来秦、晋关系的定位：希望秦国为了维护双方的联姻之谊，放弃东进战略，转而以姻亲的身份成为晋国稳定西疆的藩篱。

晋献公大大低估了秦国进取中原的决心。我想，当秦穆公收到这份一厢情愿的礼物时，他应该感受到了晋国这个姬姓诸侯深刻的傲慢：在晋献公的眼中，秦国仍是西周时期那个为周天子看家护院的"西垂大夫"。如果秦国真的按照晋献公的计划与晋国达成这份默契，那么旧日为周天子看家护院的秦人将成为晋国的新保镖。

建国之前做周天子的奴才，现在立国已过百年，却要做奴才的奴才了？是可忍，孰不可忍！

对老岳父，秦穆公的心里定然是一腔怒火。但他毕竟是一位涵养深厚的政治家。在读懂了晋献公的这点傲慢心思之后，秦穆公并没有立马跟他掀桌子翻脸，他艰难地做出了一个让后世称赏不已的决定：重用百里奚。

长期僻处西戎，使得秦国极度缺乏熟悉中原政治的智囊。又因为在中原诸侯眼中的戎狄形象，中原人才普遍不愿意入秦谋政。就像这个被捆着送来的百里奚，刚刚到达秦国就叛逃到楚国去了。

这对好不容易才下定决心重用百里奚的秦穆公来说，不啻为当头一棒。堂堂一国之君正要猥自枉屈地抬举一个亡国的陪臣，但这个年过七旬的老朽居然不识抬举！换作第二个人，恐怕谁也不会像秦穆公这样礼贤下士了。

但就如清太宗皇太极对一众不服气的大臣解释自己为什么要招降并且重用洪承畴时说的那样："咱们辛辛苦苦地努力了这么多年，不就是为了要挺进中原吗？可是进了中原，两眼一抹黑，咱们不认识路啊！这个洪承畴就是咱们的眼睛和耳朵。"

为了找回自己的眼睛和耳朵，秦穆公花了五张羊皮向楚国的边吏赎回了百里奚，并且将国政托付给他和他的朋友蹇叔。本来，将百里奚送来秦国，是晋国一着霸道的先手。但现在，秦穆公却针锋相对地下出了一着让晋国始料不及的高明的后手。就在秦穆公任命百里奚和蹇叔为上大夫的那个秋天，他便亲御秦师，向傲慢的晋国宣战了。

伍

如果不是因为晋献公在此时去世，晋国随即发生了骊姬之乱，或许秦、晋之间的矛盾会演变成旷日持久的百年战争。但历史就在战端刚刚开启的时候发生了巨大的转折。

晋献公在晚年废嫡立爱，为了扶立爱妃骊姬的儿子奚齐上位，下毒手迫害太子申生和他的两个兄弟重耳、夷吾，最终申生自杀，重耳和夷吾先后流亡国外。晋国的内乱让秦穆公看到了通过外交手段扶植亲秦政权进而影响晋国政治的可能性。为了实现这一目的，他先后在夷吾和重耳的身上投下了注码。

率先与秦穆公接触并寻求政治帮助的是夷吾。为了说服秦穆公发兵，助自己回国即位，夷吾开出了让秦国无法拒绝的丰厚条件：只要秦国助他即位，他便把黄河以西的八座晋国城池割让给秦国。

中国历史上建都于关中的政权，其军事安全的东翼始终离不开两个关键性的战略要地：函谷关—潼关与蒲坂。作为关中东大门的函谷关南接秦岭,北塞黄河,是出入关中的锁钥之地,号称"一夫当关,万夫莫开",但是它也有一个阿喀琉斯之踵,就是北侧的蒲津渡,这里为进攻的一方提供了绕过函谷关—潼关门户直入关中腹地的可能。东汉建安十六年(公元211年),马超纠集十部联军,重兵十万,企图将西征的曹操挡在潼关以外,曹操就是经由蒲坂绕过了潼关天险,并最终击败马超的。

在这两处战略要地的争夺中,晋国都抢在秦国之前占据了先机。早在公元前655年消灭虞、虢两国的时候,晋献公就在后来的函谷关以西、潼关以东的地方设置了桃林塞,并派兵驻扎,等于把住了关中的东大门。而晋国的河西八城则牢牢地控制着蒲津渡这个关中的东侧门。桃林塞和蒲津渡都掌握在晋国手中,意味着身处关中的秦国门户洞开,无险可守。正因如此,晋国的河西八城才让秦人垂涎欲滴。

但是,在秦国的帮助下如愿回国即位的夷吾(即晋惠公)并没有兑现自己的诺言。虽然秦穆公最终通过战争得到了河西八城,巩固了国家东部的防卫,可秦国通往中原的道路仍然被死死地扼在晋国的手中。

为了彻底扭转这一战略态势,秦穆公只得故技重施,结交晋国的流浪公子重耳,希望他执掌晋国政权之后能为秦国的东进战略带来转机。

在重耳刚刚即位为晋文公的时候,秦国的东进战略似乎获得了一线曙光。公元前635年，因为叔带之乱而流亡到郑国的周襄王向晋国发来了求援信，希望晋国念在同姓之谊，助自己平定叛乱，重返洛邑。襄助晋文公平定叔带之乱的秦国原本打算借船出海，借平叛勤王的义举扩大自己在中原的政治影响，但结果却让秦穆公大失所望。回到洛邑的周襄王为了感谢晋国，不但赐予晋文公珪鬯弓矢，命他为"伯"，还把周天子直辖的河内之地一并赐给了他。晋国名利双收，反观兴师勤王的秦国却没有任何斩获，这显示出面对中原政坛错综复杂的外交博弈，初出茅庐的秦国还太稚嫩，远不足以同底蕴深厚的中原强国晋国相抗衡。

但这次失利也让秦穆公看明白了一件事情，那就是在争夺中原政坛的主导权这个问题上，秦晋之间的结构性矛盾是很难调和的，要想成为霸主，秦国就必须跨越晋国这道障碍。

在晋文公执政的短短八年当中，这位花甲登基、饱经沧桑的杰出政治家将晋国的称霸事业迅速推向巅峰，同时也暂时压制住了秦国迅猛的东进势头。但是到了公元前628年，巨星终于陨落，晋文公的去世让晋国的辉煌霸业失去了主心骨，也让经历漫长等待的秦穆公看到了争霸中原的机会。

正当晋国举国上下都沉浸在国丧的悲痛之中时，相邻的秦国却在秘密地策划一次进军中原的偷袭行动。

这次军事行动的起因是秦穆公得到了一份来自中原诸侯郑国的情报。报信人要求秦穆公派兵袭郑，并表示将在秦军到来的时候为他们打开郑国国都的城门。秦穆公将此视为进军中原的绝好机会，但他的想法却遭到了百里奚和蹇叔两位辅政大臣的坚决反对。

两位老臣反对的原因是，秦国即将采取的这次军事行动属于偷袭战，偷袭能否奏效，取决于军事行动能否高度保密。秦国距离郑国千里之遥，从关中出兵袭郑，必须穿越好几个诸侯国的领土，尤其是晋国控制下的崤山地区，保密工作势必失败。而一旦行动泄密，侧敌行军、千里奔袭的秦军将面临晋军半路截杀的危险。因此，偷袭郑国实际上是一次充满了侥幸心理的军事冒险。

或许是秦穆公挺进中原的愿望太过迫切，又或许是他为此经历了太久的等待，百里奚和蹇叔的正确主张被秦穆公武断地拒绝。而最终的结果正如两位老臣所预料的那样，暴露了行踪的秦军遭到了晋国的伏击，在崤山全军覆没，三位统兵主帅——百里奚之子孟明视、蹇叔之子西乞术和白乙丙悉数做了晋军的俘虏。

崤之战是秦国在中原诸侯面前的第一次独立亮相，但不客气地说，这是一次丑陋的亮相。不仅因为它在军事策划上存在诸多疏漏，更因为它暴露了秦国对中原政治原则和外交逻辑的隔膜。

《史记·秦本纪》载，奔袭郑国的秦军途经成周的北门。按照礼制，诸侯的军队经过王畿，战车上居左与居右的士兵必须脱去甲胄，下车步行，以示对周天子的尊重。但长期与戎狄杂处的秦国士兵不熟悉中原礼仪，违制的战车数量竟然多达三百乘。在城上观兵的周王孙满轻蔑地说:"秦师无礼,不亡何待?"泱泱大国秦国的军队竟然被王室中一个乳臭未干的小孩子这样鄙视,可见当时秦国在政治和外交上需要补课的地方实在是太多了。

不仅如此,在得知偷袭行动泄密之后,秦军的三位主将合计:大老远地出来一趟,人吃马嚼,花销也不少,就这么两手空空地回去,实在是不甘心。于是秦军在回程的路上顺手把亲附于晋国的姬姓诸侯滑国给灭掉了。这一鲁莽的行动直接激怒了还在为晋文公守丧的晋襄公,导致晋国以哀兵必胜的姿态设伏于崤山,这才有了秦国在崤之战中的惨败。

军队是国家的名片。而在这次出征的过程中,秦军给中原各国留下的印象是贪婪、粗鄙、缺乏纪律。相比于后来楚庄王围困郑国,却彬彬有礼地接受郑国的投降,恢复郑国的社稷,同被视为蛮夷的秦国,其接受中原文化的程度确实太低。

要想成为春秋时期的霸主,除在军事上展示肌肉之外,对外输出价值观念,争取国际认同,建立政治和道义上的软实力优势是另一个非常重要的条件。最初称霸的齐国以"尊王攘夷"的旗号凝聚人心,然后统领八国军队合力攻楚,逼迫新兴强国楚国签订召陵之盟,承认齐国的领导地位,最终实现霸业。类似这样复杂的顶层战略设计,当时的秦国还无法驾驭。这不是靠引进一两个像百里奚这样的中原人才就可以完成的,大国底蕴需要长期的涵养与培育。

陆

崤之战带给秦国的教训是惨痛的。虽然经过秦穆公卧薪尝胆的不懈努力,秦国最终向晋国报了这一箭之仇,但是从总体上看,在春秋时期的秦晋交锋中,晋国仍然占据绝对的优势。这不仅因为晋国凭借对桃林塞和蒲津渡的控制建立起了易守难攻的地利,更是因为长期担当中原盟主的晋国能够凝聚中原诸侯合力对抗来自秦国的军事压力。以一国敌众国的秦国在战略上显然是吃亏的。

但疏于中原政治的秦国也不是没有发展的空间。在秦穆公执政的第三十四年(公元前626年),秦国西邻的戎王派遣使者由余来到秦国。在接见由余的时候,秦穆公向这个成长在戎狄的晋国后裔询问:"中原诸侯国在严密的政治制度管理下尚且不时生乱,为什么缺乏政治制度建设的少数民族政权却表现得更加稳定?"由余回答说:

> "此乃中国所以乱也。夫自上圣黄帝作为礼乐法度,身以先之,仅以小治。及其后世,日以骄淫。阻法度之威,以责督于下。下罢(疲)极则以仁义怨望于上。上下交争,怨而相篡弑,至于灭宗,皆以此类也。夫戎夷不然。上含淳德以遇其下,下怀忠信以事其上。一国之政犹一身之治,不知

所以治，此真圣人之治也。"

——《史记·秦本纪》

对于这篇主张无为而治的政治演说，我推断，除了秦国之外的任何一个春秋大国，无论齐、晋，就算是曾经被视为蛮夷的楚国，都会当它是一篇荒唐透顶的鬼话。因为这些先行融入中原文明的国家早已建立起了对华夏礼义的绝对信仰，也因此构成了他们排斥少数民族政治文化的思想教条。和他们相比，疏于中原、亲于戎狄的秦国却没有这样的桎梏。由余的话甚至带给了身陷战略困境的秦穆公一个新的启示：当东进中原的战略受阻的时候，秦国正可以利用熟悉西戎的优势向西拓展势力范围。事实上，正是在由余的帮助之下，秦穆公最终决策西向，灭国十二，扩地千里，秦国由此成为西方最强大的国家。

但是，取得这一成就的秦穆公终究不够资格与齐桓公、晋文公、楚庄王这样的中原霸主分庭抗礼。因为凭借秦穆公一人之力，他无法打通秦国与中原诸侯之间的文化隔阂。事实上，秦穆公本人对中原文化的了解，其局限性也是显而易见的。《史记·秦本纪》中记载，当秦穆公去世的时候，为他陪葬的人殉多达一百七十七人，其中还包括秦国贤臣、子与氏的三位成员奄息、仲行、针虎。

孔子说："始作俑者，其无后乎！"连陪葬陶俑在正统的礼义观念中都会被视为野蛮，更何况是以贤臣做人殉！因此司马迁引

用前人的评论说:

> "秦缪公广地益国,东服强晋,西霸戎夷,然不为诸侯盟主,亦宜哉!死而弃民,收其良臣而从死,且先王崩,尚犹遗德垂法,况夺之善人良臣,百姓所哀者乎?是以知秦不能复东征也。"

——《史记·秦本纪》

文化的隔阂为秦国的东进筑起了高墙。终春秋之世,偏居西方的秦国始终没有摆脱其在中原诸侯心中的蛮夷形象。它从未如愿像齐、晋和楚那样召集过中原诸侯的会盟,周天子也从来没有正式授予秦君"伯"的称号。

秦穆公留给嬴氏子孙的那个东征的梦,只能一代又一代地传承下去,等到战国之世来临。那时的秦国将沿着穆公曾经的道路,去完成他未竟的事业。

吴起变法

壹

我想,可能有不少人跟我一样,第一次打开战国前期的地图时,会不由自主地将目光投向那个幅员最为辽阔的南方大国——楚国。所谓"横成则秦帝,纵合则楚王",楚国常常被认为是中原统一进程中秦国最强有力的竞争对手。正如苏秦所言:

> "楚,天下之强国也;王,天下之贤王也。西有黔中、巫郡,东有夏州、海阳,南有洞庭、苍梧,北有陉塞、郇阳。地方五千余里,带甲百万,车千乘,骑万匹,粟支十年,此霸王之资也。"

——《史记·苏秦列传》

可是,在一手策划了弱楚强秦战略的纵横家张仪看来,楚国并没有这么可怕:

> "楚虽有富大之名而实空虚;其卒虽多,然而轻走易北,不能坚战。"
>
> ——《史记·张仪列传》

而且,精明的张仪实实在在地帮助秦国在丹阳之役中斩首八万,夺取汉中,奏响了楚国衰亡的丧曲。

战国时代的楚国是摧枯拉朽的霸主,还是外强中干的乱邦?它究竟有没有压倒秦国、统一中国的可能呢?

在给出最终的判断之前,我们首先得承认,战国时代的楚国的确曾有过短暂的强盛:

> 楚悼王素闻(吴)起贤,至则相楚。明法审令,捐不急之官,废公族疏远者,以抚养战斗之士。要在强兵,破驰说之言从(纵)横者。于是南平百越;北并陈蔡,却三晋;西伐秦。诸侯患楚之强。
>
> ——《史记·孙子吴起列传》

公元前389年,屡为三晋所困的楚悼王任用客卿吴起主持变法,整军经武,拓土开疆,让并世六国侧目而视。然而耐人寻味的是,对整个战国时代中楚国最辉煌的这一笔,《史记·楚世家》中竟然没有一个字的记载——这很不正常。自公元前445年魏文侯即位之后任用李悝变法,到公元前356年秦孝公支持商鞅改革,六大强国魏、赵、楚、韩、齐、秦先后开启了变法图强的进程,以期适应战国时代更为惨烈的大国竞争。这些变法运动深刻地改变了中国历史的面貌，终结了三代以来松散的封建宗法制的国家形态，创造出一个又一个领导力更强、战斗力更强的中央集权制国家。因此，司马迁在《史记》中的《秦本纪》《魏世家》《赵世家》《韩世家》和《田敬仲完世家》中对各国变法的历史都做了记载。

唯一的例外是《楚世家》。吴起，这个当代人修战国史时绕不过去的改革家的名字在《楚世家》中压根就没有被提到，司马迁仅仅在《孙子吴起列传》的最后一段做了简短的记述。虽然从"互文法"的角度看，《史记》仍然为我们保留了吴起变法的历史资料，但它似乎也暗含着司马迁的这样一种评价：这次变法虽是吴起本人晚年的重要经历，却不足以在楚国的历史上留下深刻的印记。因为正像《韩非子》所说的那样：

楚不用吴起而削乱，秦行商君而富强。

——《韩非子·问田》

吴起变法的政治遗产没能深刻影响楚国后来的历史走向。司马迁的这个观点在《楚世家》的撰述过程中贯彻始终。公元前380年楚悼王去世，吴起随即被作乱的楚国贵族所杀。而楚悼王之后的两任楚王——楚肃王与楚宣王，在司马迁的笔下几乎无所作为。尤其是楚宣王在位的公元前370年到公元前340年，也就是韩国、齐国和秦国密集推进变法运动的关键时期，《楚世家》的记载是：

> 宣王六年（公元前364年），周天子贺秦献公，秦始复强，而三晋益大。魏惠王、齐威王尤强。
>
> 三十年（公元前340年），秦封卫鞅于商，南侵楚。是年，宣王卒，子威王熊商立。

司马迁对宣王一朝历史的这两段概述似乎是要告诉我们：在历史大变革最关键的三十年中，楚国的内政乏善可陈，在国际舞台上也完全没有存在感。回顾《左传》中那个同晋国一道构成春秋争霸主旋律的南方霸主，进入战国之后的楚国在史书中露脸的机会少得有点难堪。

司马迁为什么对吴起变法和战国楚史的评价这么低？要解释这个问题，我们首先必须了解春秋与战国这两个不同时代的政治特点。春秋政治的主旋律是争霸，并世几大国晋、楚、齐、秦、吴、越的竞争焦点是对中原政局的主导权，兼并只存在于大国与周边小国之间，基本不会在大国与大国之间上演（勾践灭吴大概是唯一的例外了）。

进入战国时代以后，作为大国间缓冲地带的若干小国早已被渐次吞没，大国与大国之间的贴身肉搏已是不可避免，由此，中原政坛的主旋律遂由争霸转为兼并。为了在这样血腥的大国搏杀中占据优势地位，战国时代的各主要国家都需要通过变法来解除残留的制度桎梏，而其中的核心问题是两个：提高政权的开放性和增强国家的动员能力。

李斯在《谏逐客书》中曾说：

"臣闻地广者粟多，国大者人众，兵强则士勇。是以太（泰）山不让土壤，故能成其大；河海不择细流，故能就其深；王者不却众庶，故能明其德。是以地无四方，民无异国，四时充美，鬼神降福，此五帝三王之所以无敌也。"

——《史记·李斯列传》

首先，一个国家的政治走向，是朝气蓬勃还是日落西山，很大程度上取决于顶层设计的能力。对战国时代的各主要国家来说，要提高政治领导层的决策水平，就必须尽可能吸引天下政治精英加盟，将政府的高级领导职位对他们开放，无论这些人来自哪个国家。而要让客卿们心甘情愿、毫无保留地为国家出谋划策，必须废除从前的世卿世禄制——以少数血缘宗亲和军功贵族把持政权并世代相袭的制度就像一辆破旧的老爷车，已经无法拖动国家前进的脚步了。

其次，冷兵器时代最重要的战争资源就是两样：土地和人口。土地产出粮食，为对外战争提供必要的经济支持；而要维持一支规模可观的军队，就必须拥有相当庞大的人口基数。在世卿世禄制下，因为官爵世袭，故而充当官禄的采邑也就顺理成章地成了卿大夫们的私邑。私邑的田产和人口归属世家贵族，国家能直接控制的土地与人口必然相应减少。世卿世禄制越发达，国家能调动的战争资源就越少，战争动员能力也就越弱。所以为了最大限度地提升国家的战争动员能力，就必须将私门侵吞的田产和人口全数充公，划归国家直接掌控。

如果我们以提高政权的开放性和增强国家的动员能力这两个标准来衡量战国前期各主要国家的变法效果的话，秦国无疑是变法成效最为显著的国家，而变法最失败的就是楚国。

贰

李剑农先生说：

> 秦在春秋时代，即不采用东方之世卿制。凡在秦掌握政权之有名者，大都来自异邦，且有由微贱出身者。
>
> ——《中国古代经济史稿》

春秋时期的秦国是否采用世卿制，学者对此尚有争议（如林剑鸣《秦史稿》即认为秦国采用世卿制），但即便采用，秦国的世卿制度也不像东方各国那样严格，这是无疑的。因此，进入战国之后，秦国废除旧贵族特权、提高政权开放性的基础要优于其余各国。自商鞅之后，又有张仪、范雎、李斯……开放的秦国正是在这一个又一个客卿的辅助下逐步走向全盛的。至于三晋与田氏齐国，因为他们本身就是春秋时代的世卿篡位形成的新政权，为了防范新的世卿贵族的崛起，其势亦不得不废除世卿制，以不拘一格的姿态遴选政才。

唯有楚国，情况最为特殊。

在春秋时期，没有遭受过世卿之患的主要国家，秦国之外，就要算楚国了。秦国是因为没有世卿（或者世卿制发展不充分），楚国则是因为其独特的世卿制本身具有超越晋、齐等国家的制度优势：

> 其君（楚国）之举也，内姓选于亲，外姓选于旧，举不失德，赏不失劳，老有加惠，旅有施舍，君子小人，物有服章，贵有常尊，贱有等威，礼不逆矣。
>
> ——《左传·宣公十二年》

春秋时期的楚国世卿，主要由上文中的"内姓"和"外姓"两个部分组成。所谓"内姓"，是指由历代楚王的小宗后裔演变而来的芈姓公族；所谓"外姓"，是指仕楚的异姓宗族。这些异姓宗族是怎么来的呢？

要知道，楚国原是最具野心与周天子分庭抗礼的国家。终春秋之世，被楚国吞灭的国家总计六十有余。吞灭这些国家之后，楚国并没有彻底铲除其原有的统治势力，而是仿效周公封建的形式，一面复封其社稷，以大宗延续国祚，一面又安置其小宗别子在楚国任职。从法理上说，这些国家在灭国之前都是得到周天子的授权而建立的，是周天子的臣属，楚国的同列。但灭国复封之后，其新的治统来自楚王的授权，他们因而不再是周天子的封藩，而是楚王的私属了。所谓仕楚的异姓宗族，多半都来自这个具有"王朝气象"的楚国附庸体系。

楚国任官的规则是，对芈姓公族，依据血缘关系的亲疏远近，优先任用近支亲属；对异姓宗族，则更青睐那些较早臣服、渊源甚深的附属国的小宗。

虽然楚国世卿数量不少，来源又杂，但世卿们却很难对楚王的权威构成严重挑战，因为楚国历来对世卿封邑的土地和人口都有严格的限制。相比于世卿封邑，楚王更看重县邑的藩卫作用。楚国是春秋时期最早设县的国家之一。楚县面积大，县师强，长官人选虽不出少数世卿家族的范围，但职务却不能世袭。相比于狭小的封邑和孱弱的私兵，遥控着若干大县的楚王对世卿始终保持着压倒性的政治优势。正是因为这个原因，当田氏代齐、三家分晋，他国的世卿们纷纷对君权发起挑战的时候，楚王却能稳如泰山。

在世卿制度普遍流行的春秋时期，楚国的世卿制因为受到县制的控扼，显示出比齐、晋更为强大的制度优越性，但是进入战国之后，当各国通过变法陆续废除世卿制，改行官僚制之后，楚国原有的世卿制就显得落后了。新的官僚制是面向天下、广招贤才，而楚国的世卿制却是任人唯亲、任人唯故。更重要的是，这套世卿制既然威胁不到楚王的权威，楚国自上而下改革世卿制的意愿也就远不如齐、晋等老牌诸侯强烈。

公元前 389 年，楚悼王之所以任用吴起变法，主要还是因为此前与三晋交兵时楚国频繁失利。因为改革是由对外战争的失败引发的,所以吴起变法的关注重点在于强兵,对经济组织与农业生产则不甚注意。仅从这一点上看,吴起变法与商鞅改制的差距已经非常明显。

而在吴起倾尽全力的强军改革中,他又是怎么做的呢?虽然吴起头头是道地向楚悼王分析说:

"(楚)大臣太重,封君太众,若此则上逼主而下虐民,此贫国弱兵之道也。"

——《韩非子·和氏》

但在实际着手解决这些问题的时候,吴起采取的办法却是废削疏远公族的封邑用来养兵。经过改革,楚国的公族和封邑数量得到了一定的控制,但是世卿制并没有取消,甚至因为世卿数量减少,权力被迫向少数公族集中,最终导致了政治寡头的产生。在春秋时期,楚国政坛尚有若敖氏、蔿氏、潘氏、沈氏等家族相继崛起,但吴起改革之后,这些老牌贵族销声匿迹,楚国政坛变成了屈、景、昭这三支芈姓宗族的"三国演义"。相比于客卿们争先入秦的盛况,楚国选拔政治人才的范围太小,太保守了。

不但政权的开放性不能与秦国相比,国家的战争动员能力,楚国也远逊于秦国。

商鞅变法之后的秦国虽然也有封君存在,但封君不但不能世袭,其权力也仅限于享受封邑的租税,至于土地与人民的统治权则悉数收归国有。兵尽为国家之兵，民尽为国家之民。只要秦王一声令下，秦国就会像一架精密而恐怖的战争机器一样高速运转起来。因为立下军功之后就可以获得爵位，秦国士兵在战场上争夺"首功"（按割下的人头计功）的热情几近疯狂——一群杀红了眼的男人为了跑得更快，追上去割下敌兵的头颅，连护身的盔甲都脱下来，一面打着赤膊，一面还拎着刚刚割下的血淋淋的人头——这场景，想想都让人胆寒。

　　反观楚国，世卿与封邑的存在让它看起来更像是一盘散沙。不但封君们的土地产出无法由楚王支配，他们的私兵上了战场也会因为保存实力而轻易溃退。所以战国时期的楚国貌似幅员辽阔，人口众多，但国家的战争动员能力、军队的战斗意志却着实让人不敢恭维。可以说，当战国前期的改革浪潮退去，脱胎换骨的秦国已经把抱残守缺的楚国远远地甩在了后面。到了秦国吞并蜀地之后，秦惠王决意向楚怀王宣战，战争尚未开启，胜负就已经注定——这是一场先进国家对没落国家的战争，就算体量比对方大得多，楚国也是注定打不赢的。

魏国兴衰

壹

公元前341年,一份加急战报被快马送进了魏国都城安邑,坐在安邑城里的魏惠王随即听到了噩耗:被他倚为干城的十万魏军精锐误入齐国人的埋伏,在黄河南岸的马陵全军覆没。将军庞涓壮烈成仁,魏军主帅、魏国太子申也不幸沦为齐国人的阶下之囚。

复仇,一定要让齐国人血债血偿!悲愤交加的魏惠王准备再起倾国之师东征齐国,于是召来相国惠施商议。惠王说:

"夫齐,寡人之雠也,怨之至死不忘。国虽小,吾常欲悉起兵而攻之,何如?"

——《战国策·魏策二》

让魏惠王想不到的是,惠施不但不支持自己的复仇计划,反过来却要求魏惠王褪下王服,向齐国屈膝称臣:

"臣闻之,王者得度,而霸者知计。今王所以告臣者,疏于度而远于计。王固先属怨于赵,而后与齐战。今战不胜,国无守战之备,王又欲悉起而攻齐,此非臣之所谓也。王若欲报齐乎,则不如因变服折节而朝齐,楚王必怒矣。王游人而合其斗,则楚必伐齐。以休楚而伐罢齐,则必为楚禽矣。是王以楚毁齐也。"

——《战国策·魏策二》

惠施提醒魏惠王,此次马陵之役已经不是第一回吃齐国人的亏了。公元前354年,将军庞涓率领八万重兵包围赵都邯郸的时候就曾中过齐人的"围魏救赵"之计,在桂陵一战而溃。而这一回败得比上次更惨,十万精兵片甲不回,魏国眼下连巡疆守土都已捉襟见肘,如果还要孤注一掷,与齐国搏命,风险太大了!可这覆军杀将的血仇又该怎么算呢?难道就打落牙齿和血吞吗?也不能够。惠施建议魏惠王放低身段,推尊齐侯为王。齐国称王,必将引起楚国的不忿。齐国刚刚同魏国打过大仗,军队尚未得到休整,倘若接着与楚国较量,魏国今天的失败就是齐国明天的结局。

从理智上分析,惠施的建议无疑是审慎而务实的。但魏惠王真要接受这个建议——易以布冠,变服折节朝见齐王,恐怕只有他自己心里明白这得忍下多大的痛苦。要知道,就在三年前(公元前344年)的逢泽之会上,魏国还是风光无限的诸侯盟主:

魏王拥土千里,带甲三十六万,其强而拔邯郸,西围定阳，又从十二诸侯朝天子。

——《战国策·齐策五》

那时的魏惠王制丹衣，建九斿，乘夏车，称夏王，在天下诸侯面前俨然一副天子排场。而如今呢，曾被众人捧着的人却要沦为捧别人的人了。高下易位，尊卑逆转，而这竟然就发生在短短的三年之内！

可是让魏惠王糟心的事儿还没完呢。转过年来，到了公元前340年，西邻秦国趁魏国战败势弱之机，命卫鞅（也就是后来的商鞅）为将，率军攻取魏国的河西地。魏惠王赶紧令公子卬率军前去抵敌。双方军队摆开架势之后，公子卬突然接到了一封来自卫鞅的信，信中说：

"凡所为游而欲贵者，以公子之故也。今秦令鞅将，魏令公子当之，岂且忍相与战哉？公子言之公子之主，鞅请亦言之主，而皆罢军。"

——《吕氏春秋·无义》

信中，卫鞅言辞恳切。想当初游历魏国，仕途蹭蹬，公子卬是少数与卫鞅交善的魏国政要之一。卫鞅说，我之所以西游秦国，求取功名，无非是为了有朝一日能再与公子把酒言欢。谁想到如今再会，你我二人竟成对面之敌！不如我们各言其主，令两国弭兵修好，以保全旧日的情谊吧。

魏国新败于齐，民困兵疲，此时若再与秦国构衅，无异于雪上加霜。可能是顾虑到了这一层，公子卬痛快地答应了卫鞅的请求。就在双方罢兵回国的前夕，卫鞅提出要与公子卬当面话别。公子卬麾下将吏纷纷劝谏他不可轻往，但坦荡的公子卬似乎对故交卫鞅并无戒心，径往与坐，结果真就在会饮的酒筵上出了事！那个口蜜腹剑的卫鞅突然翻脸了，他利用公子卬的信任，埋伏甲士扣押了这位魏军主帅，群龙无首的魏军随即乱作一团，被秦军轻易袭破！

东困于齐，西破于秦，东西交困的魏惠王已经势穷力屈，难以为继了。迫不得已，他只得遣使以割让河西之地为代价向秦国卑辞请和。魏国丢掉了河西，秦军的兵锋直抵黄河岸边，一河之隔的魏都安邑已经失去了最后的屏障。魏惠王被迫宣布放弃安邑，迁都大梁。临走的时候，他遗憾地说：

"寡人恨不用公叔痤之言也！"

——《史记·商君列传》

想当初，魏相公叔痤在弥留之际曾经力劝魏惠王将举国之事托付于卫鞅，不然就杀掉他，不可让他前往别国，成为魏国之患。但魏惠王默然不应，以为老公叔病入膏肓，信口雌黄。谁想到二十年后，故相的临终遗言竟成了魏国衰败的谶语。

世事真是瞬息万变。就在魏惠王的祖父魏文侯执政的时候，魏国还是举世无敌的最强诸侯。它的势力范围向西深入西河，将秦国死死地压制在北洛河的西岸；向东则征服鲜虞中山，攫取了赵国的腹心之地。时间才过去不到半个世纪，魏国的霸业便光芒散尽，从此沦为别国争雄问鼎的棋子。究竟魏国衰败的祸根是何时埋下的？它又是怎样一步步走入这盛极而衰的困境的呢？

贰

商鞅俘虏公子卬的整整六十年前，也就是公元前400年，秦国先君秦简公也曾起念伐魏，却被旁人劝住了：

> 文侯受子夏经艺，客段干木。过其间，未尝不轼也。秦尝欲伐魏。或曰："魏君贤人是礼，国人称仁，上下和合，未可图也。"文侯由此得誉于诸侯。
>
> ——《史记·魏世家》

不战而屈人之兵，魏国展现的强大震慑力让它在诸侯之中声名鹊起。而这震慑力的核心正是荟萃于魏国的一批当世贤才。和世卿世禄制普遍流行的春秋政治不同，战国诸侯为了增强政权的开放性，提高政治高层的决策水平，总要竭尽所能延揽四方翘楚。而人才的流向也因此成为国家昌盛或没落的风向标。《史记·魏世家》中曾经记载了一个饶有深意的故事。

魏文侯的太子魏击路过朝歌的时候偶遇文侯之师田子方。为了表示对国师的尊敬，太子击命令自己的车队靠边避让，甚至还亲自下车拜谒国师。可田子方呢，竟然礼都不回。或许是对田子

方的傲慢有所不满,太子击问道:

"富贵者骄人乎,且贫贱者骄人乎?"

田子方闻言,理直气壮地教育太子说:

"亦贫贱者骄人耳。夫诸侯而骄人则失其国,大夫而骄人则失其家,贫贱者,行不合、言不用则去之楚越,若脱屣然,奈何其同之哉?"

形势比人强。在战国时代激烈的国际竞争中,列强为了保全自己,不被对手吞灭,纷纷纡尊降贵,招贤纳士。而身负长才的游士也因此获得了更多的工作选择。凤凰非梧桐不栖,贤臣唯明主是事。一流的人才既然像凤毛麟角那样可遇而难求,他们自然也就有了"骄人"的资本。太子击听完田子方的这番教导,司马迁说他"不怿而去",《韩诗外传》则说他"再拜而退",我个人觉得后一种记载或许更近于历史的真实。因为继魏文侯之后执掌魏国的太子击(也就是魏武侯)未见改变礼贤下士的成规,说明田子方的教训他是听进去了。

优秀的人才往往是国家政策的制定者与执行者。选拔什么人才,对他们委以何任,这将直接决定一个国家的政治走向。可要是我们以此来审视战国初年的最强国魏国,魏文侯的抡才、任才却让人有些看不懂。《史记·魏世家》中有一段被后世史家称为"卜相"的文字。所谓"卜相",是指魏文侯就宰相的人选向大臣征求意见。魏文侯当时提出了两位候选人，一是翟璜，一是魏成子，他们二位都以知人善任著称于世。翟璜先后向魏文侯推荐了吴起、西门豹、乐羊、李悝和侯鲋五人。这五人之中，吴起出任西河郡守，使秦人不敢东向以窥天下；西门豹治理邺城，政绩斐然，有口皆碑；乐羊统军远征，击灭中山，为魏国拓地数百里；而李悝则在乐羊的灭国行动之后成功地在中山故地建立了魏国的有效统治。至于侯鲋，他虽然没有担任军政要职，却是太子魏击的老师，担负着教育嗣君的重任。

和翟璜类似，魏成子也向魏文侯推荐了三个人：卜子夏、田子方和段干木。对他们三位，魏文侯非常敬重，甚至不敢待之以臣礼：

> 魏文侯师卜子夏，友田子方，礼段干木。
>
> ——《吕氏春秋·察贤》

因为魏成子推荐的三位人才受到的礼遇高于翟璜所推荐的五人，所以李悝断言魏成子一定会拜相。可是，我们如果仔细分析魏文侯对这两拨人才的任用，就会发现这样一个奇怪的现象：

从学术背景上说，魏成子向魏文侯推荐的都是清一色的儒家人物。子夏是孔子的弟子，而田子方和段干木是孔子的再传弟子（段干木师事子夏，田子方师事子贡）。这三位儒家学者享受了魏文侯最高的礼遇，但他们却没在魏国担任任何行政职务，当然也就谈不上政绩。反观翟璜推荐的五人，学术背景比较驳杂。今天为学术界所公认的是，吴起隶于兵家，李悝归入法家。这些人或谋政中央，或治理地方，魏国的崛起离不开他们的贡献，可在魏文侯的眼里，他们就是要比子夏诸人低那么一等。这又是为什么呢？

从政治主张和学术专长来看，进入战国之后，儒家的用武之地似乎是越来越小了。钱穆先生在《国史大纲》中说：

> 儒者本务知礼，而礼终不可行。学术随世风而变，则进取者急功利而明法，李克（即李悝）、吴起、商鞅其选也。

儒学的核心在于讲"礼"。所谓礼，也就是自西周传承下来的一整套贵族阶级的生活方式。它的范围极广，大到国际秩序的建构原则，小到个人生活的行为规范，都在"礼"的内涵之中。周平王东迁洛邑后，王室的权威日益衰落。失去了天子权威的支持，周礼也逐渐呈现出隳坏之势。正是在历史由治世走向乱世的时候，孔子勇敢地站了出来，开创儒学，批评"礼崩乐坏"，倡导"克己复礼"，希望能维系住摇摇欲坠的周礼，不致令天下陷入一场毫无秩序的大混乱。

虽然孔子终其一生都没能实现重建周公治世的伟大理想，但他所开创的儒家学说对春秋时代的大小诸侯仍然具有重要的价值。因为春秋政治的主旋律乃是"争霸"，也就是由新兴的诸侯强国代替周天子主盟诸侯，维护西周封建的基本格局。对主盟的霸主来说，周礼是他主导国际秩序和国际关系的法理依据，而对加盟的小国来说，周礼则是他们对抗强国兼并，维护自身安全的

"誓书铁券"。只要周礼仍在发挥作用，倡礼的儒家就必然在政治舞台上扮演重要的角色。因此我们看到，无论孔门弟子所擅长的是政治、经济、军事、外交之中的哪一项，孔子总是要求他们在这些事务性工作中秉承并发扬周礼的精神。《史记·仲尼弟子列传》中说：

> 季康子问孔子曰："冉求仁乎？"曰："千室之邑，百乘之家，求也可使治其赋。仁则吾不知也。"复问："子路仁乎？"孔子对曰："如求。"

冉求和子路都是"孔门四科"之中"政事"科的杰出弟子。从鲁国正卿季康子的问话看，冉求、子路的政经长才是被鲁国执政认可的。但执政认可，孔子不认可。在孔子看来，这两位治民理财的行家里手还谈不上对"礼"的深刻领悟——这正是孔子学说与历史发展的矛盾之处。随着时代的推移，周礼的观念正被逐渐解构，周礼的作用正被逐渐弱化。进入战国，"争霸"已经成为故纸堆里的陈迹，随着"兼并"时代的来临，大国列强的直接搏杀将毫不留情地冲垮周礼的最后一点残骸。为了适应残酷的竞争形势，各国诸侯所需要的正是孔子看不上的这类人才：他们有富国强兵之术，却没有对周礼的向往与憧憬。

于是我们看到，李悝、吴起这样的儒家后学（李悝曾经拜师子夏，而吴起则是曾子的弟子）索性抛弃了周礼，转而研法、研兵，上为诸侯力政争强，下为个人名利双收。法家、兵家纷纷崛起，儒家已成没落之势。

还坚持传播孔子学说的子夏这时定居在魏国的西河。孔子生前曾对他谆谆告诫：

"汝为君子儒，无为小人儒。"

——《论语·雍也》

钱穆先生说，孔子口中的"小人儒"，无外乎有两种理解，一是溺情典籍，而心忘世道；二是专务训诂章句，而忽于义理。无论作哪种理解，都说明孔子最担心的是他一生倡导的周礼最后会沦为学者们在书斋里讨论的历史概念，而不再是国家和社会运行的现实规则。然而，从子夏教授河西的经历看，孔子最担心的事情最终还是发生了。这不是子夏无能，而是历史已经翻过了书写周礼的那一页。人再强，犟不过命。司马迁在《史记·平准书》中说：

> 是以物盛则衰，时极而转，一质一文，终始之变也。禹贡九州，各因其土地所宜，人民所多少而纳职焉。汤武承弊易变，使民不倦，各兢兢所以为治，而稍陵迟衰微。齐桓公用管仲之谋，通轻重之权，徼山海之业，以朝诸侯，用区区之齐显成霸名。魏用李克，尽地力，为强君。自是以后，天下争于战国，贵诈力而贱仁义，先富有而后推让。故庶人之富者或累巨万，而贫者或不厌糟糠；有国强者或并群小以臣诸侯，而弱国或绝祀而灭世。以至于秦，卒并海内。

齐用管仲，首霸于春秋；魏用李悝，崛起于战国。法家之学在富国强兵这点上要比儒学来得更有效，这已经被历史所证明。可魏文侯却为什么偏偏逆时代潮流而行，抬举被时代边缘化的子夏，让他压过李悝、吴起一头呢？

叁

以国君之尊而把卜子夏、田子方、段干木尊为师友，魏文侯的"崇儒"政策究竟有何深意？

单看战国初年魏国所处的地缘战略形势，很难想象它怎么会成为战国初年的最强国。魏国的版图看起来就像一条裤子：一条裤腿伸在东边，称为"河内郡"；一条裤腿伸在西边，称为"河东郡"。这两大块版图被韩国的上党郡从中劈开，只有吕梁山与太行山之间的一线孔道像一条裤腰带似的将两条裤腿勉强系住。

由此可见，魏国所面临的两线作战形势十分严峻。以魏国为圆心，东北的赵国和西南的韩国对其构成了内圈层的东西夹击之势；而更远的齐国和秦国则在外圈层对其构成了第二重东西夹击之势。再考虑到因韩国上党造成的东西阻隔，一旦陷入两面作战的被动态势，魏国很有可能被群敌轻易撕碎。怎样避免自己落入这个危险的陷阱呢？《战国策·魏策一》记载：

> 韩赵相难。韩索兵于魏曰："愿得借师以伐赵。"魏文侯

曰："寡人与赵兄弟，不敢从。"赵又索兵以攻韩，文侯曰："寡人与韩兄弟，不敢从。"二国不得兵，怒而反。已，乃知文侯以讲于己也，皆朝魏。

魏国的母体晋国也曾长期面临齐、秦两大国的东西夹击，可它却是春秋时代把持中原霸权最长久的国家。晋国巩固霸权的诀窍是东和西攻，尽量避免两线作战。在大多数时间里，它总是恩威并施，与齐国结成联盟，然后全力向西以武力压制秦国。而这也是秦国最担心的事情。商鞅曾经对秦孝公说：

"魏居岭厄之西，都安邑，与秦界河而独擅山东之利。利则西侵秦，病则东收地。"

——《史记·商君列传》

把东边当作大后方，集中力量往西进攻，这是晋国称霸中原的故技。可魏国要想恢复当年晋国所有的战略形势，独擅山东之利，它就必须想办法把晋国留下的政治遗产整合到一起，也就是建立稳固的韩、赵、魏三国军事同盟。只有三晋合一，齐国才不敢在东边闹出乱子，魏国才能解除攻秦的后顾之忧。虽然争霸主盟的外交政策已经随着春秋时代的落幕而逐渐淡出了中原政治，但在三晋集团内部它仍有可能发挥一定的作用。因为公元前5世纪初的韩、赵、魏三家都处于齐、秦、楚三大国的威胁之下，分晋之后他们又一直没有得到周天子的正式承认，政治地位尚不稳固。面临的共同威胁与休戚相关的利益使得三晋都有相互联合、共谋发展的需要。此时魏文侯一面高举崇儒尊贤的大旗,一面又与韩、赵约为兄弟,他的真实目的恐怕是要利用儒家宣扬的亲亲尊尊的周礼思想凝聚韩、赵对魏国的向心力,以主盟的身份率领三晋联盟加入残酷的国际竞争。

魏国能够成为三晋联盟的主脑,李悝变法所带来的硬实力增长自然是它敢站出来挑头的本钱,但这点本钱不足以让魏国单独应对两线四国的巨大威胁,三晋联盟才是魏国维持国际竞争力的主要保障。这也是法家的李悝、兵家的吴起在魏文侯那里获得的政治待遇始终不如儒家三贤的原因。

从短期来看,魏文侯崇儒抑法、联合三晋的政策的确让魏国在一段时间内建立了对齐、对秦的战略优势,魏国也因此西取河西,东取中山,获得了领土上的拓展,但是这种政策所带来的战略收益是不可持续的。段连勤先生分析道:

> 魏国利用三晋联盟的力量为自己攫取了大片领土,韩国也利用联盟的力量夺取了不少郑、宋国的土地。唯独赵国,由于地理位置的关系,它向南的发展,不仅受到同魏国结盟的卫国的阻隔,而且还受到魏属中山国在"腹心"的牵制,因此,在三晋联合的对外行动中,它没捞到什么好处;它对卫国的领土是垂涎三尺的,但是卫国背后有强大的魏国的支持,它在这方面也不能有什么作为。这些都促使赵国在三晋联盟内部的分离倾向迅速增长。公元前387年,魏、赵矛盾

开始表面化。这年赵烈侯死,赵敬侯立。亲魏的公子朝(《史记·魏世家》作朔),在魏国的支持下起而作乱,引魏军袭击邯郸。

——《北狄族与中山国》

在三晋抱团扩张的过程当中,他们各自膨胀的领土野心开始造成越来越多的利益冲突。而随着三国独立的时间越来越长,"晋国"这块先祖牌位所能唤起的认同感也越来越弱。以公元前387年魏国支持赵国公子朝叛乱为起点,三晋联盟开始走向破裂。到了这个时候,儒家的"亲亲尊尊"、兄弟之谊甚至已经无法维系三晋的表面和谐了,可魏文侯的儿子魏武侯和孙子魏惠王仍然死抱着崇儒抑法的遗策不肯撒手,致使魏国遗憾地错失了第二次变法改革、增强国力的契机。

魏惠王的丞相公叔痤在临死前力劝惠王重用卫鞅,但魏惠王看不上这个法家的后生小子,对老公叔的临终善言不屑一顾。公叔痤去世后,卫鞅被秦孝公的求贤令吸引,飘然入秦,开启了一场战国时代规模最大、效果最强的变法改革。而错失了卫鞅的魏国呢?先与赵国交兵,被齐国乘虚而入,败于桂陵;继而又与韩国构衅,再度被齐国击溃于马陵。东线战场接连失利,西线那边,在卫鞅的变法改革下迅速崛起的秦国趁机发动攻势,夺去了魏国的河西地。东、西交困,原先环绕在魏国头顶的霸主光环黯淡了下去。司马迁说,不甘心就此沉沦的魏惠王效法祖父魏文侯，于公元前336年颁布了求贤令，希望招贤纳士，重振魏国的声威。当孟轲、邹衍、淳于髡相继来到魏国的时候，惠王问道：

> "寡人不佞，兵三折于外，太子虏，上将死，国以空虚，以羞先君宗庙社稷。寡人甚丑之。叟不远千里，辱幸至敝邑之廷，将何以利吾国？"

——《史记·魏世家》

当魏惠王撕下祖父文侯"礼贤称仁"的面纱，开始赤裸裸地向他的高参们询问魏国该如何牟利的时候，他大概想在这批谋士中发现另一位卫鞅式的治国干才。可是被魏国崇儒的良好形象吸引来的大儒孟轲却对魏惠王的这一转变非常失望：

> "君不可以言利若是。夫君欲利，则大夫欲利；大夫欲利则庶人欲利。上下争利，国则危矣。为人君，仁义而已矣，何以利为？"

——《史记·魏世家》

听完孟轲的这番教训，魏惠王"不果所言，则见以为迂远而阔于事情"（《史记·孟子荀卿列传》），拒绝了孟轲的教训，不再像他的父亲武侯魏击对待田子方那样"再拜而退"。可是抛弃了儒家的魏国却始终没能找到新的强国之道，在战国的乱世中慢慢沉沦，终至灭亡。

燕齐恩怨

壹

公元前295年，一支由一百五十辆马车组成的庞大车队浩浩荡荡地驰入了齐国国都临淄的高闾门。在高闾门前亲迎大驾的齐国丞相韩寅为了表示对客人的尊敬，甚至纡尊降贵，登车揽辔，亲自将这位贵客载入国都。

能博得东海大国齐国如此隆重礼遇的这位客人，却并非号令一方的诸侯，甚至也不是金枝玉叶、公子王孙。从前的他，只不过是洛阳乘轩里一个普普通通的农民，他的名字叫苏秦。

你没有听错，就是那个著名的战国纵横家。你或许听过他的名字，却不一定知道他真实的故事。别说是现在的普通读者，就算是号称"良史之才"的司马迁，在撰写《苏秦列传》的时候也误信了许多讹传，因而把苏秦写成了一个追逐富贵、朝秦暮楚的游士。但那实实在在是对苏秦的冤枉。

这一趟来到临淄,苏秦的头上顶着燕昭王亲自封赠他的"武安君"的尊号。临行之前,苏秦对燕昭王说:"从前有一个叫尾生的男子与他的情人约定要在浅水的桥下相会。他等了很久,女子并没有如约到来,反倒是一场大水不期而至——女子不来,水至不去,守信的尾生最终紧紧抱住梁柱,淹毙在了深水里。臣这一趟去齐国,必将以尾生为榜样,践行誓约,继之以死!"

《孙子兵法·用间》说:

> 三军之事,莫亲于间,赏莫厚于间,事莫密于间。……
> 微哉,微哉,无所不用间也!

一个间谍的作用,不夸张地说,甚至抵得上十万甲兵。而在所有的间谍中,工作风险最大,对敌威胁也最大的要数"死间"。所谓"死间",指的是这个间谍要凭借着自己的如簧巧舌,说谎欺骗,取得敌国的信任,谋得敌国的高位,并趁机施展阴谋,将这个国家拖入覆亡的死地。像这样危险的间谍,一旦身份暴露,一定会被处以极刑,身首异处。因此不是绝对忠诚于君王且有极大勇气的人,根本不能承担这样重要的使命。

顶着"武安君"的尊号出使齐国的苏秦就是燕昭王派来的"死间",他的使命就是要灭亡齐国。

贰

派出"死间"前往齐国并最终将它拖入死亡的深渊——为了等待这一天,燕昭王已经卧薪尝胆地准备了十九年。

十九年前,燕国发生了一次蹊跷的"禅让"事件。日益年迈的燕王哙主动将国君之位禅让给了他的丞相子之。燕王哙为什么会做出这个决定?关于这个问题的解释是有争议的。

司马迁在《史记·燕召公世家》里解释说是子之阴谋篡权,所以砸下重金,买通左右诳骗燕王,误导他相信摆出"禅让"的姿态必将使燕国和燕王哙本人在诸侯间赢得更高的声誉,而子之畏于王权,是绝对不敢接受禅让的。

也有现代学者对此做了不同的理解,认为燕王哙主动禅让君位,是要借助子之的精明强干,刷新吏治,推动燕国的政治改革。

无论燕王哙禅让的动机是什么,造成的后果却是没有争议的,那就是激化了燕国政治高层的矛盾:子之和他新提拔的官员挤压了以太子平为核心的燕国旧贵族的权力空间,造成了双方的分裂和内战。

公元前314年,太子平和将军市被纠合部属包围了燕王宫,必欲杀子之而后快。双方的内战持续了数月之久,造成了燕国剧烈的动荡与恐慌。

南邻齐国看到了乘虚而入的机会。齐宣王命匡章为将，尽起五都之兵，举国入侵。为了增强军力，确保取胜，齐国还特意在北地额外征发兵力。于是仅仅五十天之后，齐国就占领了燕国全境。太子平、燕王哙、燕相子之先后在这场动乱中丧生。若不是赵武灵王出兵干涉，护送在韩国做人质的公子职回国登基，燕国这个自西周开国便已存在的老牌诸侯可能会就此从地图上被抹去。

登基之后的公子职，也就是燕昭王，无时无刻不想向齐国报复这血海深仇。但无论他如何卧薪尝胆，励精图治，以燕国这个战国七雄中势力最弱的小国去单挑东方霸主齐国都是不可能取胜的。

就在燕昭王一筹莫展的时候，苏秦向他献策道："齐国的确是天下强国，大王要想战胜它，必须要想办法消耗它的实力，并竭力争取其他诸侯对我们的支持。"而要实现这一战略目标，苏秦提出的具体策略就是说服齐国南下攻宋。

苏秦之所以要谋划将齐国对外扩张的魔爪引向宋国，是有深刻的原因的。从地图上看，齐国西界赵国，北邻燕国，西南与鲁、宋接壤。赵国自武灵王"胡服骑射"以来，军事实力已经大为增强，齐国轻易啃不动它。对齐国来说，对外扩张只能选择北上攻燕或者南下攻宋。

要想实现复仇的愿望，燕国首先必须打消齐国北上的念头，转而怂恿它南下。就像当年的越王勾践所做的那样，以卑躬屈膝的姿态麻痹吴王夫差，忽悠他北上与晋国争霸，趁他筋疲力尽的时候突然从另一边插上一刀，结果掉他。

因此，这一趟出使齐国，苏秦不但带来了燕昭王对齐湣王的卑辞厚礼，同时还带来了燕昭王的一份承诺："宋国乃是中原膏腴之地，远非苦寒的北燕可比。得燕地百里，不如得宋地十里。如果齐国南下攻宋的话，燕国愿意出兵两万，自带粮食，协助齐军一起行动！"

"得燕地百里，不如得宋地十里"，苏秦说的话倒也是事实，但他没说明的是，这么看好宋国的人可不止他一个。宋国是天下交通往来的中心，商业贸易十分发达。尤其是宋国西北部的定陶，那是战国时代最繁华的商业城市，每年光是手工业和商业的税收就是一笔不得了的收入。就在苏秦对齐湣王提出南下攻宋的建议时，秦国的宰辅穰侯魏冉、赵国的宰辅奉阳君李兑都盯着定陶呢。他们都在盘算着攻占宋国，将定陶据为自己的封邑。一旦齐国伸手抢走了这块蛋糕，天下武力最强的两个国家——秦国和赵国就会同时被齐国激怒。到了那个时候，燕国复仇的机会就来了。

叁

苏秦这一趟出使齐国，说服齐湣王南下攻宋，一开始是成功的。齐国不但以接待诸侯的高规格礼仪接待了苏秦，同时在燕国援军南下助齐时，齐国甚至撤去了北境的兵备以表示对燕国的信任。但是在第一次攻宋没能得手的情况下，一个突如其来的变故差点让苏秦的灭齐计划全盘落空。

事情的起因是这样的。公元前288年，秦昭王在相国穰侯魏冉的建议下自称"西帝"，并由魏冉亲自出使齐国，向齐湣王致送"东帝"的尊号。魏冉企图以"二帝并尊"的手段与齐国达成连横协议，双方结成军事同盟，共同出兵消灭赵国并瓜分其领土。

秦国之所以抛出"联齐灭赵"的计划，是因为此时的赵国乃是东方诸侯合纵的联盟长。有了赵国撑腰打气，原本已经让秦国收拾得服服帖帖的魏国对秦国的态度逐渐转向强硬，这极大地阻碍了秦国的东扩。为了突破东进战略的困局，秦国遂采取远交近攻的方式，意图拉拢东方的齐国合力灭赵，肢解这根合纵的主心骨。

如果齐国接受了魏冉的建议，与秦国合力灭赵，那后果对燕国来说将是灾难性的。因为中原诸侯中只有齐、赵两国与燕国接壤，燕国赖以制约齐国的外援就是赵国。想当初，正是在赵武灵王的武装护卫下，燕昭王方才逼退了齐国的侵略军，顺利地回国即位。如果赵国被齐、秦两强瓜分，燕国不但会失去唯一的外援，同时鲸吞赵国之后的齐国必将更为强大。到那时，伴虎而眠的燕国别说灭齐复仇，想要自保都难！因此，当齐湣王向苏秦询问"秦使魏冉致帝，子以为何如"时，最严峻的考验就来了。

回答这个问题，苏秦必须慎之又慎。因为这个答案不仅关系到苏秦的间谍使命能否完成，甚至也将决定燕、赵两国的生死存亡。

苏秦不愧是苏秦，怪不得后世那么多有志于纵横之术的游士都把他的经典案例奉为金科玉律。他对齐湣王的回答，我们不难从中看出他高明的政治谋略和外交智慧。面对齐湣王的询问，苏秦并没有急于作答，而是反问齐湣王："如果天下出现齐、秦二帝的话，大王认为天下人会服从秦帝呢，还是服从齐帝呢？"

鉴于此前张仪主持连横的时候，秦国以较小的代价夺占了许多战略要地，大大扩充了自己的实力，相形之下，孟尝君在齐国主持合纵却没能取得尺寸之地，反而导致国力耗损，师老兵疲，答案是显而易见的。齐湣王因此无奈地承认"天下人将会尊秦"。

"天下尊秦"意味着一旦赵国被消灭，齐国将很难在战后造成与秦国东西对峙的均势，反而可能会因为失去赵国这个战略屏障而成为秦国的下一个吞并目标。但如果主动放弃"东帝"的头衔，将代周自立的罪名加在擅称"西帝"的秦国头上，以此号召赵国等东方诸侯合纵攻秦，局面就大不一样了。这样一来，齐国一方面可以借助赵、魏等诸侯的力量削弱秦国，另一方面又可以趁着三晋叩关函谷、秦国无暇东顾的契机，一举吞并宋国，壮大自己。这一进一出，秦强而齐弱的战略态势就有可能扭转。

因此苏秦为齐湣王出谋划策说："愿大王放弃帝号以收天下人心，背约摈秦，瞅准时机吞并宋国！"

在苏秦的一番大力游说之下，齐湣王本已动摇的攻宋决心再度坚定了下来。

肆

游说齐湣王绝秦伐宋的苏秦当然不是真心要帮助齐国，而是在秦、赵、齐三雄并立的情况下，他必须将齐国置于秦、赵的对立面，如此燕国才有可能实现与他们联合灭齐的目标。

如果撇开好恶，真心为齐国谋划一回，我认为齐国要想真正获得战略上的大突破，唯一正确的选择应该是伐燕。《史记·田敬仲完世家》中记载的这件事情可以为证：

在齐桓公（田午）五年（公元前370年）的时候，秦国和魏国并力伐韩，力不能支的韩国被迫向齐国求援。田午召集群臣商议对策。在会上，邹忌和段干朋为援韩与否争吵不休。实在看不下去的田臣思站出来批评道:"你们的谋划都是错误的!秦、魏攻韩,楚、赵必然发兵解救。他们在中原打得不可开交,这不正是我们攻略燕国的好机会吗!"

田臣思的话说出了齐国处理地缘政治关系的正确方向:必须暂时克制进取中原的冲动,转而向北方边地发展。因为像韩国、宋国这样的中原国家,虽然实力相对弱小,但各方诸侯与他们的利益纠葛却非常复杂,可谓牵一发而动全身,齐国很难独吞这些中原弱国。即便你吃下去了,也会招来很多人的眼红和嫉恨。

但燕国就大不一样。翻开《史记·燕召公世家》,整个春秋时期燕国同中原国家的交往,司马迁只记载了两件事情,交往对象都是齐国。一件是燕惠公元年(公元前544年),齐国大夫高止投奔燕国,申请政治避难。另一件则是燕庄公二十七年(公元前664年),山戎阻绝了燕国进贡周王室的贡道,切断了它与中原的联系。眼见燕国有脱离中原,沦入夷狄的危险,齐桓公(姜小白)亲率大军,北伐山戎,把燕国捞了回来。

这些记载说明僻处东北的燕国长期游离于中原诸侯的视线之外,而齐国却碰巧处于近水楼台的有利地位。

我们可以做这样一个比较:齐国北上伐燕还是南下攻宋,其实类似于秦国选择南下灭蜀还是东出侵韩。对秦国来说,东并韩国、问鼎中原是历代秦王孜孜以求的夙愿。秦武王就曾经说过:

"寡人欲容车通三川,窥周室,死不恨矣!"

——《史记·秦本纪》

即便进取中原的愿望如此强烈,但当司马错和张仪就伐蜀与攻韩展开争论的时候,秦惠王仍然支持了司马错的灭蜀主张。后来的历史发展也证明了秦国这一决策的正确性:正是吞并了相对边远的蜀国,建立起稳固而强大的后方基地,才为秦国日后扫除六国,一统寰宇奠定了基础。

"高筑墙,广积粮,缓称王",这样的战略决策在许多时候都被证明是有其合理性的。

公元前370年的齐国按照田臣思的策略,抛开韩国,趁乱偷袭燕国,取得了桑丘之地。可是就算有这个好榜样在前,齐湣王仍固执地反其道而行之,南下攻宋。这绝不仅仅是因为间谍苏秦的外交努力,更重要的是这个选择更符合齐国的政治传统。秦惠王拍板灭蜀,因为他心中的楷模是西灭戎狄、辟地千里的秦穆公,而齐湣王决策灭宋,是因为他心中的榜样是九合诸侯、一匡天下的齐桓公。吞并宋国之后:

> 齐南割楚之淮北,西侵三晋,欲以并周室,为天子。泗上诸侯邹、鲁之君皆称臣。

——《史记·田敬仲完世家》

造成这种形势,无异于恢复了春秋时期齐桓公称霸中原的鼎盛局面。

榜样的力量是无穷的。因此齐湣王最终接受了苏秦的建议,拒绝与秦国二帝并尊。公元前287年，齐国会同赵国等中原诸侯组成五国联军西向伐秦，并趁此机会于次年鲸吞了宋国。

吞并宋国让齐湣王产生了齐国霸业重光的幻觉。但他却没有意识到，即便此时的他重现了齐桓公降服鲁、宋，进取中原的格局，他也绝不可能成为第二个齐桓公了。

独吞宋国之后，"诸侯恐惧"（《史记·田敬仲完世家》），齐国已成为让秦、赵畏忌的众矢之的。惨烈的灭国之战即将在济水西岸打响。

伍

齐国吞并宋国带来的外交影响极其严重。

它首先使赵国等三晋诸侯感到了威胁。因为对他们来说，身处齐、秦两大国东西夹击的内线地位，维持均势是自保的必要条件。当秦国东进、咄咄逼人的时候，他们就会联合齐国对抗秦军；而现在齐国吞宋，他们也不能坐视齐国迅速强大。

因此，就在桀宋灭国之后不久，赵国便率先向齐国发难。大将赵梁和徐韩为先后统兵向齐国发动了进攻。不但赵国，连主政魏国的魏相孟尝君田文都不顾先祖坟茔尚在齐国的事实，开始策划联秦伐齐了！

不过，无论是赵国还是魏国，甚至是处心积虑想要灭齐复仇的燕国，在组织联军伐齐的问题上，都不具备足够的实力和影响力。号召天下诸侯联军伐齐的幕后操盘手只能由强大的秦国来担任。

这正中了秦昭王的下怀。

齐国濒临东海，与秦国之间隔着三晋。通常情况下，秦国很难对齐国实施直接有效的军事打击。但现在赵国的联盟使者金投已经到了秦国，这意味着它愿意充当灭齐的急先锋。一旦齐国被消灭，赵国必将陷于孤弱。从长远来看，这对秦国一统天下仍是有利的。因此秦昭王发下话来：

> "齐王四与寡人约，四欺寡人，必帅天下以攻寡人者三，有齐无秦，无齐有秦，必伐之！必亡之！"
>
> ——《战国策·燕策二》

为了宣示自己为联军站台撑腰的态度，秦国在公元前285年派遣蒙骜统军，越过韩、魏，长驱直入，攻打齐国的河东地区，一举夺取了九座城池。紧接着，秦国便推赵国为攻齐盟主，并由它出面联络燕国加盟。为了表示联盟诚意，秦国还分别向燕、赵两国派质子作为担保。

联盟伐齐的局面就此完全成形了，但是让谁来做联军主帅呢？就在这个时候，名将乐毅走向了前台。

乐毅之所以能被燕、赵两国同时委任为相国并担当联军统帅，并非偶然。当年齐国趁燕国发生"子之之乱"的契机占领燕国,正是乐毅为赵武灵王策划了伐齐存燕的行动,燕昭王才得以复国。赵武灵王在内乱中死去以后,乐毅去赵,辗转来到燕国,又受到燕昭王的重用。因此只有他出任主帅,才能实现"燕赵共相,二国为一"的团结局面。

战争一开始,乐毅首先以赵相的职司统率燕赵联军,从赵国的西南方向攻入齐境,夺取了灵丘,作为进一步攻战的桥头堡。灵丘的东北不远处就是高唐,高唐乃是齐国的"五都"之一,济西的必争之地,战略地位十分重要。为了确保高唐的安全,齐国尽起倾国之兵,由齐将触子率领,在济西与乐毅展开决战。

齐湣王急于将入侵的联军驱逐出齐国,在战前派专使给主帅触子下了死命令:"如果你不能速战速决,我就夷灭你的宗族,刨了你的祖坟!"巨大的压力让触子心乱如麻,双方刚一接战,齐军就鸣金退却,而对面的燕赵联军则在秦军的强力配合下追亡逐北,由此演成了齐国在济西的惨败。

济西大捷之后,秦军迅速转向南下,像饿狼扑食一样将齐国刚刚攫取的宋国大都市定陶吞入腹内,而乐毅以燕相的职司独自率领燕军西进,一路攻克临淄,齐湣王和太后被迫出逃莒城。

济西兵败,临淄城破。直到这时,被苏秦的南下攻宋计划欺骗了许多年的齐湣王方才如梦初醒。他终于看清了苏秦的间谍身份,识破了他灭亡齐国的意图,为了泄愤,遂将苏秦车裂以徇。而苏秦也用自己的生命完成了"以百诞成一诚"(《淮南子·说林训》)的壮举,实践了他对燕昭王忠君死事的诺言。

陆

乐毅伐齐,是他一生事业功名的巅峰,也是他留给世人最大的悬案。

在攻克临淄之后,乐毅将齐国的宝物祭器悉数运往燕国,燕昭王终于如愿向齐国报了当年的一箭之仇。出于成功的喜悦和对乐毅的感激,燕昭王亲赴济上犒军行赏,并割齐邑昌国封赠乐毅,号其为"昌国君",使乐毅一跃成为小国诸侯似的人物。

可是接下来发生的事情就非常蹊跷了。

燕昭王回国之前嘱咐乐毅,让他留在齐国继续征服尚未投降的城市。乐毅前后收服了齐国七十余城,只有莒城和即墨还在苦苦坚守。五年之后,燕昭王去世,继位的燕惠王从前同乐毅有过节。他听信了齐国人田单的反间计,怀疑乐毅迟迟打不下莒城和即墨是玩寇自重,意图霸占齐国,于是派出骑劫取代乐毅,削夺了乐毅的兵权。为了躲避燕惠王可能实行的迫害,乐毅逃亡赵国。他的离职直接导致了燕国军队的涣散,田单趁机用火牛阵攻破燕军,拥立齐襄王复国成功。

为什么下齐七十余城的乐毅就是啃不动莒城和即墨呢?论城防,莒城、即墨不可能比临淄更加坚固;论兵力,临淄保卫战时齐国好歹还有济西之战败退下来的部分主力,而莒城和即墨虽在五都之列,兵力却应比临淄更为单薄。在临淄大获全胜的乐毅到了莒城和即墨,怎么会顿兵孤城之下,一筹莫展?这太让人费解了。

从古到今,有不少人试图解释其中的原因,但众说纷纭,至今都没有令人信服的答案。

在这里,我也不揣固陋,尝试给出一点自己的看法。

首先,乐毅围困莒城和即墨的时间应该没有五年那么长,也就是说这场战争的进程不能理解为乐毅在攻陷临淄之后迅速占领了齐国的七十余城,单单啃不动莒城和即墨,于是双方在这里僵持了五年。《史记·乐毅列传》当中的记载是这样的:

> 乐毅留徇齐五岁,下齐七十余城,皆为郡县以属燕,唯独莒、即墨未服。

徇,就是略,经略土地的意思。也就是说,乐毅"下齐七十余城"是花费了五年的时间才完成的。五年之后,尚有莒城和即墨没有被征服。

但是,如果我们这样理解"五年徇齐",那么将它同当初齐宣王五十天占领燕国的速度相比,实在太慢。这又该怎么解释呢?

我觉得这里的原因同乐毅这个将门之子的出身和经历有直接关系。战国时代的灭国战争,尤其是针对大型国家的灭国战争,往往是易于攻克、难于坚守。在乐毅伐齐之前有两次重要的灭国战争值得注意。

第一次是公元前409年，魏文侯派遣乐羊和吴起为将，征伐中山。经过三年的苦战，中山国最终被魏国消灭。为了表彰乐羊的功劳，魏文侯将中山国的灵寿封给了乐羊。可是魏国对中山国的占领很不稳固，因为它和中山之间隔着赵国，中山事实上是作为魏国的飞地而存在的。当魏国陷入与赵、楚等诸侯的苦战，无暇北顾的时候，中山就趁机脱离魏国的统治，复国了。也因此，定居灵寿的乐羊家族随之变成了中山人——乐毅正是这个家族的后人。

第二次就是公元前314年齐国借"子之之乱"占领燕国。虽然整个占领行动仅花费了五十天，但齐国却在燕国国民的强烈抵制与赵、魏等诸侯的干预下把这块吃到嘴里的肥肉吐了出来。以齐国偌大的体量想要消化弱小的燕国都这么艰难，那么反过来，燕国想彻底占领齐国就更不容易。

乐毅巩固占领的策略是"皆为郡县以属燕"。也就是说，不仅要完成军事占领，同时要建立起地方行政机构，对新占领区实行有效的行政管辖。军事占领可以迅速完成，但行政管辖的建立非常复杂——逐级建立行政机构，登记人口、土地，确定赋税、徭役，等等，必须有一个比较长的周期才能实现。

建立这套崭新的郡县制度应该是非常艰难的，因为春秋时期由管仲创立的那套国野分治的行政体制沿用到齐湣王时期已经是根深蒂固，《史记·苏秦列传》就说：

> 齐地方二千余里，带甲数十万，粟如丘山。三军之良，五家之兵，进如锋矢，战如雷霆，解如风雨。即有军役，未尝倍泰山，绝清河，涉勃海也。

乐毅要想用郡县制取代管仲的旧制，他所面临的挑战跟项羽攻克咸阳之后的情形差不多。项羽为什么不以关中为都而以彭城为都？一个很重要的原因是他心目中理想的国体是封建制，而关中地区自从商鞅变法以来，郡县制已经推行了一个半世纪。如果以关中为都，行封建之制，项羽根本坐不住这块地方。后来他分封的三秦之王在刘邦的攻击下土崩瓦解，而刘邦则迅速在关中恢复郡县制，就是最好的证明。

因此，占领齐国之后，摆在乐毅面前的难题是，不行郡县制，他无法巩固统治；施行郡县制，又必须面对齐国固有传统对新体制的强烈抵制。这应该是乐毅花费了五年时间才征服齐国七十余城的根本原因。

我们不能去指责乐毅的郡县制占领思路效率太低，因为春秋战国以来的历史经验证明，郡县制已经是当时的历史条件下巩固新占领区最有效的办法。如果说在这场战争中乐毅有什么遗憾的话，那最大的遗憾可能是时不我与。如果燕昭王不是在济西之战五年后就匆匆离世，如果历史能够再多给乐毅一点时间，或许灭齐之战的最终结局会不一样。

乐毅功亏一篑，表面上使得"子之之乱"以来的燕、齐格局又回到了原点，但两国之间的这段恩怨却对战国时期的统一进程产生了深远的影响。在联军伐齐的过程中遭受重创的齐国从此一蹶不振，国力再也没能恢复到同秦国东西争霸时的水平。而主持伐齐联盟的赵国又因此与齐国结下了恩怨，以至于到长平之战的后期，力不能支的赵国向齐国求援借粮，齐国拒绝提供帮助，眼睁睁地看着东方最后一支能够抵御秦国的力量被名将白起摧毁。

齐国、赵国的先后没落，加速了秦国一家独大、一统中国的进程，秦军的铁蹄、秦吏的郡县制很快就将在山东六国的故土上扎下根来。

从胡服骑射到长平之战

壹

公元前 310 年,岁在辛亥。

就在这一年里,已经步入执政第十六个年头的赵武灵王赵雍做了一场美梦:一个绝代佳人在他面前玉指调琴,弹唱了这样一首歌诗:

> 美人荧荧兮,
> 颜若苕之荣,
> 命乎!命乎!
> 曾无我嬴!

韩愈曾说"燕赵古称多感慨悲歌之士"(《送董邵南游河北序》),用来印证这首仅有四句的短诗,字里行间真有慷慨悲歌的意气穿越万古,扑面而来。你要是咂摸不出这点味儿来,多半是因为忽略了第一行的那个"兮"字。这个字在许多古汉语词典和教科书中都被解释作骈拇赘疣一般的"无实义的语助词",但这其实是个大错误!从歌诗言志言情的功能上说,它应该被视作一个喷发情绪的感叹词而非语助词——"感叹词确乎是歌的核心与原动力"(闻一多《歌与诗》)。

这个女子为何感叹?让我们看看"兮"字前面的注解——"美人荧荧"。她已经拥有花一般美丽的容颜,还有什么不满足的?当然有。春花虽好,一季而谢。一朝零落成泥,便与腐草无异,谁还会倒回去翻看它尘封的过往?红颜本来易老,但人类的天性却渴望永恒。这就好比志存高远、满腹经纶的士君子总希望建功立业以便自己短暂的人生垂于不朽一样。面对逝水东流的岁月,君子之与红颜,心中的焦虑竟是这样相似,难怪大诗人屈原也要借红颜之口一吐人生苦短的悲慨:

惟草木之零落兮,恐美人之迟暮!

——《离骚》

不同于诞生在江南泽国的《离骚》,赵武灵王梦里的这首歌诗没有江蓠兰芷的绮丽意象,没有滴水穿石的缠绵口吻。它只有一句赤裸裸的呼喊:"命乎!命乎!"这呼喊,既是对衰老的不甘,更是对命运的抗争。恰是这不假修饰的重章叠唱才彰显出燕赵之地的质朴与粗犷、燕赵之人的刚烈与豪迈。

这位巾帼不让须眉的女子是谁?歌诗的最后一句提到,她的名字里有个"嬴"字。等到梦醒之后的某一天,赵武灵王在酒会间数次说起这个奇怪的梦和梦里的女子。听说了这件事的大臣吴广灵机一动,趁便将自己的女儿孟姚进献给了赵武灵王。孟姚小字"娃嬴"。"娃"即美人,又字曰"嬴",这不正是赵武灵王的梦中之人吗?于是乎,这位梦里走来的新人很快取代了赵武灵王的原配,成了赵国的第一夫人,是为惠后。

如果放到小说家笔下,赵武灵王的这一梦定会被渲染成命运的冥冥预兆。但以严谨的美学理论来分析,赵武灵王的这一梦其实应该被称为"移情"。也就是说发出命运之叹的其实是赵武灵王本人,只不过这声叹息被他投影到了梦里的美人和枕边的娃嬴身上。根据《史记·赵世家》的记载,惠后终其一生都没有流露过人生苦短之情,反倒是赵武灵王自己,执政十六年来屡战屡败,五内焦煎。

公元前318年,也就是赵武灵王迎娶惠后的八年前,为了对抗西邻强秦咄咄逼人的扩张之势,赵国与韩、魏、齐、楚四国结成同盟,公推楚怀王为纵长,联军伐秦。结果一战便溃,众军作鸟兽散。这次失利让赵武灵王备感耻辱。战败后,他公开宣布不再与其他四国互尊称王:

"无其实,敢处其名乎!"

——《史记·赵世家》

眼下的赵国当不起柔远能迩、四方来朝的王者之名。武灵王贬去"王"号,自降称"君",原是想借此激励士气,使君臣上下知耻而后勇,但事情的发展却大不如人意。一年之后的公元前

317年，赵国又联合韩、魏再度西征秦国。这一回，三晋联军的失败甚至比前次五国伐秦更为惨烈，仅仅赵国一家就被秦军斩首八万级之多。而原先的盟友、东邻齐国觑到这个可乘之机，落井下石地发兵攻赵，让赵军在观泽又多吃了一场败仗。

赵国一再损兵折将，极大地刺激了强秦的侵略野心。秦国开始变本加厉地蚕食赵国的西疆：

公元前316年，赵国的西都与中阳沦于秦国之手；

公元前313年，秦军再度攻赵，拔取蔺城，俘虏将军赵庄……

夹在齐、秦两大强国之间，赵武灵王腹背受敌，东西交困。眼看赵国兵败将折，疆土日蹙，空有一腔抱负的武灵王再也坐不住了。时不我待的焦虑就像一只越收越紧的金箍扼得他喘不过气来，于是感而成梦，遂有了那两声"命乎，命乎"的嘶喊。虽然惠后娃嬴在那一梦之后来到了赵武灵王的身边，但他不能当真指望一个弱女子来扭转国家的颓势。命运留给赵武灵王的时间已经不多了，要转危为安，转败为胜，赵武灵王破局解困的这一手棋应该落子在哪里呢？

贰

赵武灵王执政的前十六年，赵国在与秦国等列强的战争中屡屡被动挨打，症结究竟何在？要理解赵武灵王的困境，我们还得从赵武灵王的曾祖赵敬侯说起。

公元前386年，也就是赵敬侯执政元年，他宣布了一项对赵国影响深远的决定：迁都邯郸。从此，赵国的政治中心定位河北。将来的赵国该向何处发展呢？在此，我们应该注意到这样一个基本事实，那就是赵氏此前虽然一路迁徙，从山西晋阳辗转来到漳河以北，但在晋东南地区仍然保有部分瓜分自晋国的飞地。所谓飞地，性质上应该属于晋国赵氏旧有的采邑，因为与邯郸本土不相接壤，故而名之。赵国要开疆拓土，自然会想到将这些飞地与本土联结到一块儿，所以往西南方向用兵就成了赵国的首选。同时，春秋时代的称霸思维仍有其残存的影响力。要想成为世所公认的强国，就得进军中原的核心区域，控制以洛邑为中心的东周王畿。而赵国要实现这个宏愿，先决条件是赵国得打通河内走廊——也就是夹在太行山南麓、黄河北岸之间的这片东北－西南走向的狭长地域，这个目标同样影响着赵敬侯的南下决策。

对赵国来说，联结飞地与控制河内这两件任务都是不容易完成的，其中最大的阻力来自魏国。由于赵、魏两国的国史后来毁于秦火，而司马迁撰写《史记》所依据的《秦纪》又太过简略，致使我们今天已经无法复原战国初年赵、魏两国版图犬牙交错的全貌。只是在《水经注》等古籍中保留的《竹书纪年》残文显示，当年赵国的飞地中牟、泫氏陷在魏国的腹地，而魏国的飞地繁阳、榆次和阳邑则时刻面临着赵国的威胁，大概双方都曾起念，想通过蚕食对方的土地来实现版图整合。另外，河内走廊此时也被控制在魏国手中，这个战国初年的最强国绝不肯轻易将这块战略要地拱手让与他人。赵、魏两家因此屡兴攻伐，可缠斗多年，赵国的实际控制区域却始终被魏国阻滞在安阳到濮阳一线，南进战略难以取得重大突破。

赵国和魏国掐得你死我活，临淄城里的齐威王可乐得坐山观虎斗。公元前 354 年，也就是赵成侯（赵敬侯之子）二十一年，魏惠王命将军庞涓率领魏军主力包围邯郸，抵敌不住的赵国向东邻齐国发出了求援信号。可望眼欲穿的赵成侯最终没能盼来齐威王的援军——他们在军师孙膑的谋划下将邯郸当作一块饵料弃与庞涓，自己却径直南下，突袭魏都大梁。一年后，被榨干了最后一滴血的邯郸陷落了，而当庞涓拖着疲惫的脚步回援大梁时，以逸待劳的齐军早已在桂陵设下埋伏，一战将他击溃——赵成侯倾囊待客，用国都邯郸为齐国的这场大胜买了单呐！沈长云先生因此评论说：

> （邯郸之难）使赵、魏两个战国初年的中原强国的国力都受到严重削弱，魏国再也没有实力称雄中原，赵国向中原发展的策略也受到了严重的挑战。
>
> ——《赵国史稿》

赵国南进的代价如此惨重，甚至连邯郸都一度沦于敌手，这究竟值不值得？实事求是地说，在当时特定的历史条件下，这恐怕是赵国不得不做出的选择。且不论问鼎中原有几分可能，单说南方的赵氏飞地，如果不是赵国摆出一副锐意南下的架势，中牟、泫氏这些老祖宗留下的家当很可能早被魏国渐次吞并。换句话说，赵国的南下战争也是促使魏国与它开启领土谈判的必要手段。一旦双方都意识到谁也吃不掉谁，他们就会甘心坐到谈判桌前，达成置换土地、整合版图的协议。赵国的版图整合是何时成功的？史无明文。但我相信，到赵武灵王之父赵肃侯执政的第十七年，这个版图整合的过程应该大体结束了。因为《史记·赵世家》记载：

（赵肃侯）十七年，围魏黄，不克。筑长城。

赵肃侯修筑的这条长城可不是用来北御匈奴的。据今人考证，这条长城建筑在漳水的北岸，西起武安，东到肥乡，在首都邯郸以南形成了一道"V"形防线。这透露出赵国此前坚持了半个世纪的南向扩张政策开始动摇。倘若此时的南方还有赵国的飞地，赵肃侯恐怕轻易下不了转入南向防御的决心，可现在他这样做了。由攻转守的决定，对赵国来说既值得欣慰又不免令人丧气。值得欣慰的是，经过漫长的努力，赵国总算完成了领土的整合，国家版图就此连为一体；但令人丧气的是，转入防御就意味着赵国南向扩张的计划最终落了空。众所周知，衡量战国诸侯国力强弱的主要标准是耕战能力。换言之，这时的国家实力取决于政府的簿籍上掌握着多少土地和人口。只有持续的领土扩张才能让簿籍上的这两个数字不断增长，并最终将国家推上强国的席位。但很遗憾，直到赵肃侯之子赵武灵王执政的第十六年，整整二十四年过去了，赵国还没有找到新的领土扩张方向，也因此在国际竞争中被迅速壮大的秦国等列强挤掉了队。

眼瞅着赵国已经落伍，赵武灵王忧心如焚。他该带领赵国去往何处呢？

司马迁说，在赵国此前的历史上流传着这样一个故事：赵武灵王的七世祖赵鞅（即赵简子）得了一场重疾，一连五日五夜人事不省。神医扁鹊瞧过之后对大夫董安于说，没大碍的，不出三天，病将痊愈，痊愈之后，主君会有话说。过了两天半，赵鞅果然醒了。他告诉身旁的大夫们，自己到了天帝的所在，瞧见一个小孩子立在天帝身旁。天帝交给赵鞅一只狄犬，叮嘱他说，到你儿子成年的时候，把这只狗赐给他吧。此外又说，我会在虞舜的后人中挑选一位名叫孟姚的女子许配给你的七世孙。

天帝的这番话究竟有何玄机呢？病愈之后的某天，赵鞅出门，有人当道拦下了他的车驾，口称自己亲眼看到赵鞅游于天帝之所。他向赵鞅透露：天帝身边的那个孩子就是主君您的儿子；狄犬是代戎的图腾，将狄犬授予公子，主君之子将来必能吞并戎狄代国；至于说您的那位七世孙，他将开启一场胡服革命，进而兼并两个戎狄国家。

怪力乱神，子所不语；六合之外，存而不论。赵鞅真能用自己的一个梦准确预测赵国七世之后的前景,甚至连七世孙媳的名字都说得这么准吗?对此我深表怀疑。我更愿意相信,这是后来者,具体地说就是赵武灵王和他的改革派大臣们模仿《左传》中的那些预言故事杜撰的,目的是要为即将到来的一场暴风骤雨般的改革造势:赵国即将抛弃延续了四辈人的南向扩张政策,掉头北上了。至于为什么要托言是七世祖赵鞅的遗命,那是因为决策北上、成功造就了赵国史上第一次领土大扩张的人正是赵鞅和他的儿子赵毋恤(即赵襄子)。想当年,赵鞅考较诸子,对儿子们说:"我在常山之上藏了宝符,你们哥儿几个谁能先找到的,有赏!"儿子们纷纷飞奔上了常山,却一无所获,只有赵毋恤回来报告父亲,他已经得到了宝符。赵鞅问他是什么?毋恤说:"站在常山上居高临下,眺望北方,那一片开阔的土地就是代国,我们应该兼并它!"听完这个回答,赵鞅不顾毋恤之母只是一个卑贱的狄族婢子,执意册立毋恤为太子。尔后,继承大统的毋恤也的确不负所望,为赵国吞并了代地,创造了历史上赫赫有名的"简襄功烈"。

现在,赵国在南向扩张的道路上步履维艰,一筹莫展的赵武灵王终于想到了先祖的故事。就在迎娶惠后孟姚的次年:

> 十七年(公元前 309 年),王出九门,为野台,以望齐、中山之境。
>
> ——《史记·赵世家》

又过了两年：

> 十九年（公元前307年）春正月，大朝信宫，召肥义与议天下，五日而毕。王北略中山之地，至于房子。遂之代，北至无穷。西至河，登黄华之上。
>
> ——《史记·赵世家》

这两趟实地考察，赵武灵王的足迹遍及雁门、代郡、云中、九原，这些地方日后都成了他经略北方的用兵之所。另外，上述两段记载中还有一点是我们必须要注意的，那就是赵武灵王的谋臣肥义在这场改革中扮演的重要角色。根据《史记·赵世家》的记载，这是一位资历很深的先朝重臣。赵武灵王弱年即位，亲政之初就教的第一位大臣就是肥义。在赵武灵王十七年和十九年的两次北巡之间，他与肥义就天下格局和国际形势进行了一次为期五天的长谈。很遗憾，这次会谈的内容，我们今天已经无从知晓，但会谈的成果仍是明确的。赵武灵王北巡归来后，肥义曾在赵武灵王闲居之时问过他这样一段话：

> "王虑世事之变，权甲兵之用，念简、襄之迹，计胡狄之利乎？"
>
> ——《战国策·赵策二》

这四个问题几乎可以被视作赵武灵王"胡服骑射"的改革纲领。

"世事之变"指出了改革的必要性和紧迫性。鉴于秦国等列强的发展已经遥遥领先于赵国,而赵国坚持四世的南向扩张政策却迟迟不能奏功,国家已经走到了不变革无以自立的地步。就算此时的赵国仍对改革怀有抵触,时代和历史也不会容忍它继续抱残守缺。变法是为了强国,而强国首先就要强军。所以赵武灵王改革的首要目标是确保国家甲兵足用。只有当赵武灵王的手里打磨出一柄锋利的剑,才能为赵国的犁寻找到开垦的新土地。而这片土地在哪里呢?不在南方,简子赵鞅和襄子赵毋恤传下的历史经验已经为赵国的未来发展指明了方向:去北方,兼弱攻昧,吞并胡狄。

在这四点纲领当中,强军是整个改革计划的核心,那么赵武灵王究竟要打造一支怎样的军队呢?

叁

公元前309年和公元前307年的两次北巡,让赵武灵王对严峻的国防安全形势有了更为深刻和全面的认识。后来,在与叔父公子成的谈话中,武灵王这样说道:

> "今吾国,东有河、薄洛之水,与齐、中山同之,而无舟楫之用。自常山以至代、上党,东有燕、东胡之境,西有楼烦、秦、韩之边,而无骑射之备。故寡人且聚舟楫之用,

求水居之民，以守河、薄洛之水，变服骑射以备其参胡、楼烦、秦、韩之边。"

——《战国策·赵策二》

从这番谈话看，赵武灵王对赵国东西两线的国防安全形势和国防建设方向有不同的思考。在东线，因为与强邻齐国界于黄河，要巩固边防，赵国必专倚舟师。至于西线，无论是穿越太行山进入地形复杂的山西，还是往北横绝大漠，骑兵的高机动性都是其他任何兵种所不能比拟的。赵武灵王说自己"且聚舟楫""变服骑射"，表明他这篇军事改革的大文章原是打算将舟师与骑兵并举，而这两个兵种在战国时代还都属于发展历史非常短暂的新兴兵种，仅从这一点上，我们便可以看出赵武灵王军事改革思想的前瞻性与预见性。但是，就像康有为的《广艺舟双楫》最终只写就了论书卷，没写就论文卷一样，赵武灵王的这篇改革文章最终也只做成了"单楫"而非"双楫"。"胡服骑射"标志着赵国骑兵从此获得了长足的发展，而最初计划中的舟师，我们却始终没能在文献中发现它的身影。至于它究竟是组建失败还是压根儿就没组建过，我们今天就更难深究了。

作为硕果仅存的"单楫"，赵武灵王所打造的究竟是一支怎样的骑兵部队？是不是同西汉名将卫青、霍去病率领的骑兵军团一样呢？根据现存史料来分析，这种猜测恐怕不能成立，因为骑兵并不是作为一个独立的兵种存在于赵国的国防力量体系之中的。胡服骑射正式实施后,赵武灵王随即在北方的原阳(今内蒙古呼和浩特市东南)建立了骑邑,并委任将军牛翦负责编练新军。受命之前,牛翦对武灵王提出了这样的异议:

> "国有固籍,兵有常经。变籍则乱,失经则弱。今王破原阳以为骑邑,是变籍而弃经也。且习其兵者轻其敌,便其用者易其难。今民便其用而王变之,是损君而弱国也。故利不百者不变俗,功不什者不易器。今王破卒散兵以奉骑射,臣恐其攻获之利不如所失之费也。"
>
> ——《战国策·赵策二》

如果赵武灵王只是想在原有的车兵和步兵之外另行组建一支独立的骑兵军团,牛翦就不会说出"破卒散兵以奉骑射"的话来。"破卒散兵"正表明了武灵王的计划是要解散车兵、步兵的原有建制,配合新招募的骑兵混编使用。因此,牛翦编练的这支新军在严格意义上不应被称为骑兵,而应被称为"车骑"。这支新军成军之后参加的第一场大规模战役是公元前305年的讨伐中山之战,史载:

> 二十一年(公元前305年),攻中山。赵绍为右军,许钧为左军,公子章为中军,王并将之。牛翦将车骑,赵希并将胡、代。
>
> ——《史记·赵世家》

在这里，司马迁明确记载新军指挥官牛翦所率领的是"车骑"而非"骑士"，这反过来印证了《战国策》所载赵国骑兵与车兵、步兵混编使用的事实。

如果说赵武灵王不曾组建过一支大规模的独立骑兵军团，那么这支顶着胡服骑射的盛名编练而成的新军同其他六国的军队相比又有何特别之处呢？

首先，从骑兵在国家总体军事力量中所占的比重看，赵国的骑兵编制比例较他国要更高一些。我们不妨拿当时的第一军事强国秦国来与赵武灵王治下的赵国做一个对比。关于秦军各军兵种的数量和比例，曾任秦相的张仪是这样说的：

"秦带甲百余万，车千乘，骑万匹。"

——《战国策·韩策一》

而同一时期赵军的总兵力以及各军兵种数量，史书上的记载则是：

"带甲数十万，车千乘，骑万匹。"

——《战国策·赵策二》

赵国骑兵的绝对数量并不比秦国更多，但因为赵国军队的总体规模小于秦国，所以骑兵在国防力量中所占有的比重，赵军是高于秦军的。

其次，要衡量一支军队的战斗力，我们除了要注意到它的规模与数量,更应该关注它在实际作战行动中的战术使用原则。比如 1940 年德法战争爆发之前,法国的坦克数量与质量其实都不逊色于纳粹德国。但法军坦克是与步兵配合分散使用的,而德军坦克却是编练成装甲师集中起来使用的,因此战场上德军坦克兵所发挥出的威力就要远远优于法军。

在战国时代,骑兵的地位就类似于第二次世界大战时期的装甲兵。这支宝贝似的骑兵,赵国在战场上会怎样使用它呢?我们不妨看一看战国晚期的赵国名将李牧创造的经典战例。《史记》里说李牧是赵国的"北边良将",长年战斗在雁门、代郡等防备匈奴的第一线。对赵武灵王时期遗留下来的骑兵战术,李牧自然谙熟于心。史载:

> 李牧至,如故约,匈奴数岁无所得。终以为怯。边士日得赏赐而不用,皆愿一战。于是乃具选车,得千三百乘;选骑,得万三千匹;百金之士五万人,彀者十万人。悉勒习战。大纵畜牧,人民满野。匈奴小入,佯北不胜,以数千人委之。单于闻之,大率众来入。李牧多为奇陈,张左右翼击之,大破杀匈奴十余万骑,灭襜褴,破东胡,降林胡。

——《史记·廉颇蔺相如列传》

根据上述记载,为了这一次与匈奴的大决战,李牧组建了一支包括车兵、骑兵、步兵和弓弩手等多兵种在内的强大军团。尤其值得注意的是,精选出来的战马数量达到了惊人的一万三千四。对照《战国策》所载的赵军兵力规模,我们似乎可以认为赵国把主要的骑兵力量一次性全部投入了这场决战。这足以证明骑兵的集中使用是赵国骑兵战术的重要原则之一。另外,司马迁还提到李牧在这次作战行动中"多为奇陈(阵)",也就是说为了配合骑兵的高编制比例与集中使用,赵军的作战队形和阵法相较于其他中原诸侯的军队还有所调整,这大概也是赵军铁骑能够扬名战国的原因之一吧。

肆

胡服骑射让赵武灵王的手里终于有了一支战力强悍的新式车骑,接下来,赵国对外扩张的第一枪又要在哪里打响呢?事实上,在胡服改革开始之前,武灵王已经对信臣肥义发下了宏愿:

"世有顺我者,胡服之功未可知也。虽驱世以笑我,胡地、中山,吾必有之。"

——《史记·赵世家》

鲜虞族建立的中山国就像一根尖刺梗在赵武灵王的喉咙口,拔掉中山的事儿他已经琢磨很久了。

赵武灵王为什么如此处心积虑地想要吞并中山国?我们不妨看一看地图:都于灵寿的中山国从中部嵌入赵国的腹心,将太行山以东的赵国版图挤压成一个危险的哑铃形状。两片主要领土邯郸和代地之间只能通过壶口以及漳水沿线的崎岖孔道保持微弱的联系。不先吞并中山，赵国无法有效地向北方投送军力。遑论征服东胡、林胡和楼烦，就连保障代地的边境安全都成问题。

相比于兵强马壮的赵国，中山的国力军力俱为有限，在当时只能算作一个中等国家。但为了对抗赵国的兼并，中山一直背倚齐国，利用齐、赵之间的竞争与矛盾给赵国制造麻烦。公元前377年，赵敬侯曾一度尝试攻略中山。赵军与中山军先后在房子和中人展开激战。在强齐的帮助下，中山不但成功地守住了这两处战略要地，而且转守为攻，进兵围困赵国的鄗邑，导致鄗邑几乎失守。赵武灵王说起这段往事的时候曾经态度坚决地表示胡服骑射的目的之一就是要向中山报复鄗邑之耻：

"先时中山负齐之强兵，侵暴吾地，系累吾民，引水围鄗。微社稷之神灵，则鄗几于不守也。先王丑之，而怨未能报也。今骑射之备，近可以便上党之形，而远可以报中山之怨。"

——《史记·赵世家》

要彻底解决中山问题，文章得从齐国做起。对此，赵武灵王是否已有预案？答案是肯定的。我注意到，在《史记·赵世家》所列胡服骑射的大事编年中有这么一条看似蹊跷的记载：

（公元前307年）召楼缓谋曰："我先王因世之变以长南藩之地，属阻漳滏之险，立长城。又取蔺、郭狼，败林人（即林胡）于荏而功未遂。今中山在我腹心。北有燕，东有胡，西有林胡、楼烦、秦、韩之边，而无强兵之救，是亡社稷。奈何！夫有高世之名，必有遗俗之累，吾欲胡服。"楼缓曰："善。"

——《史记·赵世家》

司马迁的编年显示，这是赵武灵王第一次将自己的变法计划和盘托出。众所周知，肥义才是武灵王变法改革的主心骨，可武灵王首次对旁人袒露自己的变法计划却不是向肥义而是向楼缓说的，楼缓这个人又有什么特别之处呢？根据《史记·秦本纪》的记载，赵武灵王召见楼缓的十年之后，也就是公元前297年，楼缓当上了秦昭王的丞相，并在此后的两年中执掌秦国相权。这个赵国政坛著名的亲秦派人物于公元前306年（胡服骑射改革开始的次年）出使秦国，他的出使正是受到了赵武灵王的直接委派。武灵王派楼缓去秦国干什么呢？《战国策·赵策四》载：

> 魏败楚于陉山，禽唐明（唐眜）。楚王惧，令昭应奉太子以委和于薛公。主父（赵武灵王）欲败之，乃结秦连宋之交，令仇郝相宋，楼缓相秦。楚王合①赵、宋、魏之和卒败。

《战国策》的作者说楼缓出使秦国后，主政齐国的孟尝君田文依靠他拉起的齐、韩、魏三国军事同盟，于公元前300年联兵伐楚，在重丘大败楚军，斩杀楚将唐眜。抵敌不住的楚怀王准备

---

① 原作"禽"，据上下文义，似当为"合"。

以太子为质向齐国表示屈服。一旦楚国投入齐国的怀抱，势必壮大齐国主导的军事同盟，这对赵国攻取中山十分不利。为了破坏齐、楚两国的联盟前景，赵武灵王凭借自己曾经扶立秦昭王的渊源，把楼缓推上了秦国的相位，再拉宋国入伙，组成另一个军事同盟以与齐国竞争。从这里去观察，为了收服中山，赵武灵王最初的盘算应该是借重秦国的力量来制衡支持中山的齐国，而楼缓正是执行联秦政策的关键人物。在胡服骑射改革正式启动前，赵武灵王第一时间召楼缓相商，说明这次改革从一开始就是将整军经武与攻取中山做成一揽子计划，通盘进行考虑的。

但是，赵武灵王制定的联秦政策并没有被贯彻到底，因为国际形势很快就发生了变化。就在伐楚行动结束后不久，齐国又联合韩、魏西征秦国，叩关函谷，开始了与秦国长达三年的鏖战。此时与秦国有同盟之名的赵、宋两国都阴持观望，按兵不动。赵国的亲齐派政治家富丁趁机向武灵王提出了联齐以图中山的建议。富丁派司马浅向武灵王进言：

> "我约三国，而告之以未构中山也。三国欲伐秦之果也，必听我，欲和我。中山听之，是我以三国饶中山而取地也；中山不听，三国必绝之，是中山孤也。三国不能和，我虽少出兵可也。我分兵而乐孤中山，中山必亡。我已亡中山而以余兵与三国攻秦，是我一举而两取地于秦、中山也。"
>
> ——《战国策·赵策三》

富丁的意思是，孟尝君率领三国联军顿兵函谷关下，伐秦之战已然陷入胶着。他要想打破僵局，夺取胜利，就不得不争取赵国的援手。我们不妨将计就计，告诉齐国人：赵国可以加入联军作战，但要想赵国全力以赴，齐国必先解除赵国的后顾之忧——齐国联合韩、魏向中山施压，迫使它同意与赵国割地议和，如其不从，齐、韩、魏三国就断绝与中山的外交关系，将它孤立。按照富丁的判断，齐国说服中山割地议和的可能性很小，一旦三国宣布与中山绝交，赵国独吞中山的机会就来了。吞并中山之后，挟得胜之兵与三国伐秦，赵国或许还能赶得上瓜分秦国的末班车呢。

鉴于此前楼缓在魏国进行了长达三个月的外交活动都没能成功离间齐、魏邦交，专倚秦国来制衡铁板一块的齐、魏、韩联盟在短期内很可能无法为赵国带来丰厚的回报，倒是富丁的计策让赵武灵王看到了迅速灭亡中山的可能性，因此赵武灵王果断决定接受富丁的建议，改换门庭，加入三国伐秦的阵列。

为了打败死对头秦国，齐湣王忍痛牺牲了中山这个小兄弟。他的釜底抽薪让赵军进攻中山的脚步变得轻快起来。根据《战国策·赵策四》的记载，趁着齐国等三国联军伐秦的当口，赵军大举越过中山国的国境线，长驱直入，进抵滹沱河畔。坐落在滹沱河上游的中山国都灵寿随即暴露在赵军的兵锋之下，灭国的丧钟已经为中山敲响。对赵国吞地自肥心怀狐疑的齐湣王派出戎郭、宋突进行外交斡旋，希望能在最后关头说服赵国主动退还侵占的中山国土。赵武灵王是怎样打消齐湣王的疑虑，成功说服他允许赵国吞并中山的呢？段连勤《北狄族与中山国》一书分析说，赵武灵王向齐湣王开出的筹码是燕国。也就是说，赵国以不干涉齐国征燕为条件，换取了齐国在中山问题上的让步，故《战国策·齐策三》写道：

> 齐、燕战而赵氏兼中山。

吞并中山，赵国去除了腹心之疾，从前代地与邯郸之间不绝如缕的危险状况得到了彻底的扭转。赵国这个沉寂了很久的国家终于翻开了属于自己的最辉煌的那一页。

伍

公元前299年，春秋鼎盛的赵武灵王突然宣布了一个震惊朝野的决定：五月戊申，传国于太子何。命肥义为相国，兼任王傅，以辅佐新君惠文王。为什么在自己还年富力强的时候就急急忙忙地传位给太子呢？对赵武灵王的这个决定，《资治通鉴》的作者司马光和《史记》的作者司马迁给出了不同的解释。司马光的解释是：

> 赵武灵王爱少子何，欲及其生而立之。
>
> ——《资治通鉴·周赧王十五年》

赵武灵王偏疼小儿子赵何。这份钟爱多半是因为他的母亲惠后，也就是那位武灵王因梦而娶的孟姚（娃嬴）。自从这个女人来到赵武灵王的身边，他的事业发展的确顺风顺水。或许是把这种巧合误认作冥冥之中的必然，赵武灵王废黜长子赵章的太子名分，改立惠后之子赵何为嗣。传位于赵何的两年前，惠后去世了。赵武灵王怜悯痛失慈母的幼子，又特别找来耿介忠诚的大臣周袑，命他穿胡服为傅，悉心教导赵何。到赵武灵王传国之时，赵何最多不过十二岁。司马光说，赵武灵王就是想趁着自己还有气力的时候扶赵何一把，希望能将赵氏国柄顺利交到赵何的手中。

鉴于赵武灵王与惠后伉俪情深，司马光的上述分析不无道理。但作为一个高瞻远瞩的政治家，赵武灵王做出传国这么重要的决定不可能单纯出于燕婉之私，他还有关于国政的通盘考量呢。对这一点，司马迁分析道：

> 惠文王，惠后吴娃子也。武灵王自号为主父。主父欲令子主治国而身胡服，将士大夫西北略胡地，而欲从云中、九原直南袭秦。
>
> ——《史记·赵世家》

司马迁认为赵武灵王传国于太子的主要目的是集中精力策划一场大规模的对秦战争。一般来说，山东六国策划攻秦，除了楚国地处东南，方便西进武关，其余五国基本上只有车通三川、进兵函谷这一个选择。在赵武灵王此前的执政生涯中，他已经参加过两次联军伐秦的战争了。第一次是公元前 318 年以楚怀王为首的五国伐秦之战，以失败告终；第二次则是公元前 296 年孟尝君主导的五国伐秦之战，联军经过三年的艰苦努力，好不容易才打破函谷关，迫使秦国吐出了侵占的封陵、武遂等韩、魏领土。

赵国吞并中山之后，实力一天天壮大起来。从长远来看，步步东侵的强秦必将是赵国最大的威胁。双雄不并立，先下手为强的考虑不为无理，只是这一仗该怎么打？秦国地处关中，表里山河，函谷一夫当关，万夫莫开。如果赵军主力仍按旧式思维从邯郸南下，沿黄河向西进军，那他们不但要面临函谷攻坚的困难，同时，穿越韩、魏两国的领土千里远征，西征军的后勤补给和退路安全也有可能遭遇潜在的威胁。冒这么大的风险，赵武灵王绝不敢轻易尝试。那他还有别的选择吗？

《史记·赵世家》的相关记载显示，就在传国于惠文王赵何的前一年，赵国已经把自己的势力范围拓展到了河套平原顶端的云中和九原。此时，林胡早已献马于赵，表示臣服，而在可预见的将来，楼烦也很有可能为赵国所用。赵武灵王的计划是联合林胡、楼烦等北方游牧政权，利用游牧骑兵的大范围机动能力自云中、九原南出榆中，对秦国实施灌顶攻击，如此就可以绕过函谷之险。为了实现这个宏伟的愿景，赵武灵王必须花费大量的精力去经略北方，这样一来，邯郸的例行国事就只能交给辅相肥义和新君赵何去打理了。现存史料也证明，传国之后，赵武灵王的确长年驻跸代地，远离国都。比如《史记·楚世家》中就记载，公元前297年，遭秦国无理扣押的楚怀王逃出关外，赴邯郸请求政治避难，而此时的赵国"主父在代，其子惠王初立，行王事，恐，不敢入楚王"，这正是赵武灵王传国之后赵国政局的真实写照。

其实，早在公元前307年设立原阳骑邑的时候，赵武灵王就对新军统帅牛翦说过：

"今重甲循兵，不可以逾险；仁义道德，不可以来朝。"

——《战国策·赵策二》

"传统的车兵、步兵是没办法远涉险阻的"，似乎早在那时，赵武灵王已经就取道荒漠奔袭秦国的远景展开过设想，而如今为了实践这个伟大的计划，他甚至不惮亲身犯险，乔装入秦，以考察秦地的山川险要、关隘交通。《史记·赵世家》载：

（赵主父）于是诈自为使者入秦。秦昭王不知。已而怪其状甚伟，非人臣之度。使人逐之，而主父驰已脱关矣。审问之，乃主父也。秦人大惊。主父所以入秦者，欲自略地形，因观秦王之为人也。

这是战国史上最精彩的英雄传奇。但遗憾的是，短短三年之后，这段尚未写就的传奇便戛然而止。一场突如其来的政变席卷了沙丘宫，一代雄主赵武灵王被政变军队围困整整三个月后，黯然离开了人世。赵国怎么会突然政变？赵武灵王怎么会凄凉以终？司马迁将此归咎于赵武灵王废长立幼的错误安排：

> 主父初以长子章为太子，后得吴娃，爱之，为不出者数岁。生子何，乃废太子章而立何为王。吴娃死，爱弛。怜故太子，欲两王之，犹豫未决，故乱起，以至父子俱死，为天下笑，岂不痛乎？

——《史记·赵世家》

《史记》对沙丘之乱的解释是这样的。在迎娶惠后娃嬴之前，赵武灵王本来已经册立了长子赵章为太子。惠后专宠之后，赵武灵王为她废黜了赵章的太子名分，改立惠后之子赵何为嗣。公元前301年惠后早逝，失去了庇护的赵何与父亲赵武灵王的关系日渐疏远，反倒是面对长子赵章，赵武灵王时时感觉歉疚。于是他想到了将赵章分封到代地，并有意将代地从赵国分裂出去，成立一个新的国家，命赵章为王。正是这个不恰当的想法刺激了赵章的夺权野心，让他伙同国相田不礼发动兵变，企图刺杀异母弟惠文王赵何与宰相肥义。事先觉察到叛乱意图的大臣李兑一度尝试劝说肥义，希望他交出权柄，让公子成辅政，但遭到了肥义的拒绝。赵章叛乱不久，公子成和李兑闻讯赶来靖难，将赵章和田不礼逼入了赵武灵王的沙丘宫。两位大臣指挥四邑之兵将沙丘宫团团围困，直至赵章身亡仍不肯撤围，因为他们担心包围沙丘宫的行为已经引起了赵武灵王的嫉恨,自己将来要遭到报复。而被围困的赵武灵王饥不得食,万般无奈之下甚至去掏鸟窝里的幼雀果腹。三个月后,一代英主终被活活饿死。

不得不承认,赵武灵王对两个儿子的安排确有不妥,对代地的处置更是遗患深重。从前因为有中山国的阻遏,代地与邯郸的关系本就疏远。《史记·赵世家》载:

> (赵武灵王)二十年(公元前306年),王略中山地,至宁葭;西略胡地,至榆中。林胡王献马。归,使楼缓之秦,仇液之韩,王贲之楚,富丁之魏,赵爵之齐,代相赵固主胡,致其兵。

司马迁说赵固的职务是"代相",这似乎表明吞并中山之前,赵国是将代地作为相对独立的封邑而非国君直属的郡县来进行管辖的(所以才会设相而不设郡守)。中山灭亡,代道大通,这本是让代地加速融入邯郸的大好契机,但赵武灵王错误地将长子赵章封到代地,反倒进一步加深了代地与邯郸的分裂倾向,直到分王二子的想法出炉,内讧终于不可遏制地爆发了。

可是,赵武灵王对继承人的处置失当只能解释赵章、赵何的手足相残,却不能解释公子成与李兑的所作所为:李兑为什么要在政变前威胁肥义交出宰相权力?公子成和李兑戡定叛乱后相继辅政,又为什么要废除赵武灵王北和诸戎的基本国策,把赵国重新拉回南下中原的旧路上来?这两位在政变中攫取大权的辅臣对赵国的未来影响至深，究竟他们在这场沙丘之乱中扮演了什么角色呢？

在回答这些问题之前，我们首先应该注意到一个事实，那就是公子成原是抵制赵武灵王胡服骑射的反对派领袖，他的诸多批评言论代表了当时相当一部分赵氏宗族对这场变革的消极态度。至于李兑，他虽是赵武灵王的信臣，但从政治立场上看，显然又是公子成的亲密战友。宗室坚持异议，信臣阴怀鬼胎，赵武灵王的胡服骑射改革遭遇了这么大的阻力，乍一看似乎是件不可思议的事情。我们不妨将赵武灵王的胡服骑射与两个世纪前的"简襄之烈"做一比较：想当年，赵简子赵鞅为了扩张赵氏的版图，不惜册立有狄族血统的庶子毋恤为嗣，最终成功击溃代戎，奄有代地，如果以背离中原文化、亲近戎狄之俗的眼光来衡量，"简襄之烈"的戎狄化色彩一点不逊色于赵武灵王的胡服骑射，为什么当年没人对赵鞅、赵毋恤的所作所为表示反对？为什么赵武灵王以二位先祖为榜样，推动胡服骑射却会惹来这么多的非议呢？

我个人以为，赵鞅、赵毋恤父子的所作所为才真正代表着赵国的历史传统与文化传统。赵氏政权脱胎于春秋霸主晋国，而晋国这个母体本来就具有鲜明的二元文化特征：它一方面以周朝礼制的捍卫者和姬姓诸侯的保护者自诩，另一方面又长期与戎狄杂居，深受胡俗浸染。纵观春秋历史，只要在中原争霸的战场上受到楚国的压制，晋国就会把枪口调转向北方的戎狄，通过兼弱攻昧、吞并异族来壮大自身的实力——它从来就不担心异族的融入会模糊掉自己作为中原诸侯的身份标签和文化认同。至于晋卿赵氏，更是把晋国的这套家法发扬到了极致。赵氏的兴家之祖赵衰早年便与赤狄联姻，而后又破格指定带有狄人血统的庶子赵盾为继承人。从赵衰命赵盾为嗣到赵鞅传国于赵毋恤，晋卿赵氏的戎狄化色彩远比韩、魏两家浓重得多，这也是赵武灵王要标榜自己效法"简襄之烈"以推行胡服骑射的原因。奇怪的是，赵武灵王连老祖宗和戎的家法都祭了出来，"数典忘祖"的赵国群臣却硬是不买账。公子成批评他说：

> "臣闻中国者，盖聪明徇智之所居也，万物财用之所聚也，贤圣之所教也，仁义之所施也，诗、书、礼、乐之所用也。异敏技能之所试也，远方之所观赴也，蛮夷之所义行也。今王舍此而袭远方之服，变古之教，易古之道，逆人之心而怫学者、离中国，故臣愿王图之也。"
>
> ——《史记·赵世家》

把公子成的意见概括起来，就一句话：胡服骑射是一个背离中原文化的改革，绝不能被接受。而和公子成的批评针锋相对，赵武灵王则斥责他不尊重"简襄之烈"的赵氏传统：

> "叔顺中国之俗以逆简、襄之意，恶变服之名以忘鄗事之丑，非寡人之所望也！"
>
> ——《史记·赵世家》

从某种角度来说，"简襄之烈"在赵国是不容许被质疑的，更何况是被赵姓宗亲质疑。所以当赵武灵王亮出这柄尚方宝剑，公子成只能表示屈服，说："今王将继简、襄之意，以顺先王之志。臣敢不听命乎？"其他的反对派大臣如赵文、赵造、周袑、赵俊等人的谏阻也都一一遭到了赵武灵王的驳斥。沈长云因此下结论说：

> 在武灵王有理有据的说服下，贵族们接受了武灵王胡服骑射的主张，来自赵国统治集团内部的改革阻力基本消除。
>
> ——《赵国史稿》

我认为《赵国史稿》对胡服骑射改革的形势判断太过乐观。贵族们并不是被赵武灵王说服，只是屈于赵武灵王的权威，暂时噤声而已。《战国策·赵策二》记载，当赵武灵王命周袑以胡服为太子傅时，周袑对武王说：

> "乃国未通于王胡服。"

胡服骑射改革是从公元前307年正式开始的，而周袑被任命为太子傅已经是公元前301年的事了。也就是说改革整整推行了六年之后，赵国国内仍有很强的反对声音，赵武灵王改革的民意基础并不牢靠！所以当赵武灵王在接班人的安排上出现纰漏，赵章与赵惠文王的对立日益加剧，反对改革的公子成和李兑便觑到了翻盘的机会。李兑拿赵章这个祸头来威胁肥义，企图逼他交出宰相权力，恐怕并不像他自己宣称的那样是不忍心看见肥义惹火烧身，他的真实意图应该就是要排挤这位策划胡服骑射的谋主，拆掉赵武灵王改革的主心骨。至于后来围杀赵武灵王于沙丘宫，改变赵武灵王的北上和戎政策，从根本上说也同样是出于反对胡服骑射之故。换句话说，赵章虽是沙丘之乱的发难者，但他其实是被公子成和李兑当枪使的。这两个人利用赵章的叛乱清洗了赵国内部的改革派势力，硬生生地为胡服骑射画上了句号。

公子成和李兑为什么这么抵触胡服骑射？究其原因，恐怕与下面的两件事不无关系。

首先，民族与文化的融合是有地理极限的。春秋时期的晋国乃至战国初年的赵国的确都长期奉行吞戎自大的扩张政策，但彼时被晋国和赵国兼并的白狄、赤狄、代戎等少数民族，其聚居地还都在中原农耕文化圈之内，同化他们的难度相对较小。而到赵武灵王推行胡服骑射的时候，他北上和戎的地理极限显然已经翻越了"司马迁线"，也就是中原农耕文明与草原游牧文明的分界线。在当时的历史条件下，要实现这样的民族融合几乎是一个不可能完成的任务。

其次，如果我们将公子成批评赵武灵王的那段话同一百年后齐国博士淳于越批评秦始皇的郡县制"事不师古"做一比较，就会发现二者的口径居然惊人地相似：都尊奉儒家思想为正统，都斥责背离周朝礼乐的政策为离经叛道。从这里我们不难看出盛行于齐鲁的儒家文化有多强势，尤其是齐鲁儒生的"中原中心论"思想对邻近的赵国政治高层具有多强的辐射能力。

对尚古贵同的儒家思想，务实的赵武灵王并不感兴趣，他公开批评说：

> "儒者一师而礼异，中国同俗而教离，又况山谷之便乎？故去就之变，知者不能一；远近之服，贤圣不能同。穷乡多异，曲学多辨，不知而不疑，异于己而不非者，公于求善也。"
>
> ——《战国策·赵策二》

赵武灵王为什么抵触儒学？其中原因很可能与中山的覆灭有关：

> 俄而中山武公之后复立，与六国并称王……专行仁义，贵儒学，贱壮士，不教人战。赵武灵王袭而灭之。中山之地方五百里，卒为赵并矣。
>
> ——《太平寰宇记》

在战国这个弱肉强食的乱世里，只有英勇无畏的战士才能保障国家的生存。中山贵儒学、轻战士，终被赵国所灭，难道亲手灭掉中山的赵武灵王能眼睁睁地看着赵国沦为下一个中山吗？面对赵国宗室、大臣们死守的儒学教条，赵武灵王严加斥责，声色俱厉。但在他的权威压制了反对意见的同时，数量众多的反对者也在用儒学舆论反制赵武灵王。一个明显的证据是，为了让举国上下更易于接受胡服骑射的改革，赵武灵王假托七世祖赵鞅的遗命，声称自己的改革是赵鞅在公元前501年的一场梦里聆听天帝的教诲而定下的。梦里的赵鞅听见天帝对他说：

"今余思虞舜之勋，适余将以其胄女孟姚配而七世之孙。"

——《史记·赵世家》

为什么赵武灵王要为自己的王后孟姚虚构身世，谎称她是虞舜的后裔呢？这恐怕是谋臣肥义给他的启发：

"夫论至德者不和于俗，成大功者不谋于众。昔舜舞有苗，而禹袒入裸国，非以养欲而乐志也，欲以论德而要功也。愚者暗于成事，智者见于未萌。王其遂行之。"

——《战国策·赵策二》

反对派崇信儒学，欲以尧舜为法，赵武灵王干脆来个釜底抽薪，把虞舜塑造成一个不拘常格的改革者，甚至标榜自己娶了虞舜的"后裔"，就是要继承虞舜的改革精神。这跟康有为撰写《孔子改制考》以鼓吹维新变法是同一个把戏。立宪政治当然不可能是孔子的主张，但面对举国上下的儒学守旧思想，康有为不得不在变法的宣传方式上做出妥协，以便抢占舆论高地。而赵武灵王主动去"抱虞舜的大腿"，也证明改革反对派施加于他的舆论压力是巨大的。

可惜，无论康有为还是赵武灵王，他们的改革都没能取得彻底的成功。赵武灵王死后，赵国北上和戎的政策很快被废除了。而后来当权者给予赵武灵王的盖棺定论竟是一个毁誉参半的谥号——"武灵"。从前的历史上，不幸被谥为"灵"的君主不少是因为挑战周朝的礼法制度，如晋灵公、楚灵王都是这样。当赵武灵王的名字写进历史，他也沦为这一类离经叛道的政治家，而他为之奋斗一生的赵国，则背离了他的北上战略，重新投入中原博弈的纷争乱局。

陆

赵与秦本是同宗，但自公元前307年赵武灵王胡服骑射改革之后，秦、赵对抗就逐渐演变成了战国后期国际关系的主旋律。直至公元前259年惨败于长平，赵国的强国之运才终结在了秦昭王的手里。当我们回顾这段两强相争的历史，会发现从公元前299年到公元前296年，也就是赵武灵王传国之初的那几年里，秦、赵之争明明是向着有利于赵国的方向发展，为什么短短四十年后，历史的结局却会发生戏剧性的反转？赵国是怎样输掉这场生死博弈的呢？

让我们先把记忆回溯到公元前299年。那一年，为了谋定日后攻秦的进军路线,同时也亲眼看一看秦昭王究竟是个怎样的对手,赵武灵王扮作使臣乔装入秦。陛见的时候,秦昭王诧异于这位使臣长身鹤立、器宇轩昂的仪度,曾经起意要将他扣下,可惜晚了一步,赵武灵王已经策马扬鞭,脱关而去了。等秦昭王事后审出了使者的真实身份,那可真真儿地吓了他一跳。

入秦刺探的第二年,齐相孟尝君联合韩、魏发动了攻秦之战,并于两年后攻破函谷关。这是山东诸侯合纵伐秦首次取得这样重大的胜利。但奇怪的是,对这一次的联军行动,赵武灵王却反应冷淡,此时的他又在干什么呢?《史记·赵世家》载:

> 惠文王二年(公元前 298 年),主父行新地,遂出代,西遇楼烦王于西河而致其兵。

联想到二十年前的那一次五国伐秦之战失败后赵武灵王主动退出了五国相王的协议,我们似乎可以做出这样的判断:赵武灵王对合纵联军伐秦的前景始终抱有疑虑,他更相信自己北和诸戎、南出榆中的攻秦计划会取得更大的战果。就在联军叩关函谷的时候,赵国已经先后降服了林胡、楼烦,收编了他们的游牧骑兵,赵武灵王的伐秦拼图正迅速成形。反观秦国,因为抵不住齐、韩、魏三国联军的猛烈攻势,函谷关最终失守,本来与秦国结盟的赵、宋两国落井下石,转而加入了联军西征的阵列。秦国在巨大的军事压力下被迫归还了魏国的封陵和韩国的武遂以及这两座城邑的河外之地,这就意味着秦军自崤函伊洛前出中原的通道被封闭了——秦国成了一头受伤的困兽。

如果局势照此发展下去,赵武灵王率领诸戎车骑南下攻秦的盛况或许真会上演。但就在秦昭王战败割地的次年即公元前295年,历史却发生了戏剧性的转折:在东方,沙丘之乱的爆发终结了一代雄主赵武灵王的生命;而在西方,一对威力无匹的将相组合甫一登场便力挽狂澜,扭转了秦国的颓势。这两个关键人物是谁?《史记·秦本纪》在这一年的大事记里赫然写道:

> (秦昭王)十二年,楼缓免,穰侯魏冉为相。

相关史料显示,秦昭王这一次换相并不是他主动的决定,而是赵国使臣运作的结果:

> 赵人楼缓来相秦。赵不利,乃使仇液之秦,请以魏冉为秦相。
>
> ——《史记·穰侯列传》

这一段记载里有不少盲点。楼缓原是在赵武灵王的亲自推荐下登上秦国相位的,此时的赵国为什么会认为他不利于己?仇液被派往秦国运作换相事宜,究竟是受了谁的指使?要揭开这里的秘事,我们得先厘清赵武灵王死后赵国政坛的权力格局。楼缓罢相,时当赵惠文王四年,此时的惠文王还未亲政,不能行使国君权力,那赵国究竟谁说了算呢?苏秦曾对赵王说:

> "天下之卿相人臣,乃至布衣之士,莫不高贤大王之行

> 义,皆愿奉教陈忠于前之日久矣。虽然,奉阳君妒,大王不得任事。是以外宾客,游谈之士无敢尽忠于前者。今奉阳君捐馆舍,大王乃今然后得与士民相亲。"

——《战国策·赵策二》

文中这位架空惠文王、独揽朝政的权臣"奉阳君"正是沙丘之乱后升任司寇的大臣李兑。虽然当初发兵击杀赵章、困死赵武灵王名义上是公子成和李兑两人所为,赵武灵王死后公子成甚至还当上了赵国的丞相,但不少历史文献却显示,沙丘之乱的主谋其实是李兑。如《韩非子·备内》:"李兑傅赵王而饿主父。"《韩非子·外储说右下》:"李兑之用赵也,饿杀主父。"《史记·范雎蔡泽列传》:"李兑管赵,囚主父于沙丘,百日而饿死。"

公子成拜相之后不久去世,赵国从此成了李兑的一言堂。派仇液入秦,以魏冉取代楼缓为相,很可能就是李兑的主意。因为赵国政坛长期以来一直存在亲秦与亲齐两派对立的政治势力,楼缓是赵国最有名的亲秦派政治家,李兑则是亲齐一派的首脑。颠覆楼缓的相位大概是赵国两派党同伐异的结果。对李兑个人来说,楼缓下台意味着他的成功,但对赵国来说,魏冉上位绝对是它的噩梦。司马迁曾在《史记·穰侯列传》中这样评价魏冉:

> 秦所以东益地,弱诸侯,尝称帝于天下,天下皆西乡稽首者,穰侯之功也!

司马迁给予魏冉这么高的评价,绝非虚誉。就在魏冉登上相位的两年后，秦军重整旗鼓，在洛阳南面的伊阙同韩、魏联军展开激战。韩都新郑，魏都大梁，全赖伊阙堵住秦国的东侵之路。所以这一战事关生死，韩、魏两国都尽遣精锐，先后投入了二十四万大军参战，结果却被秦军尽数歼灭，连主帅公孙喜都做了秦国的阶下囚。伊阙一战，让东方六国从此记住了一个可怕的名字，他就是魏冉一手提拔的秦国名将——白起。

伊阙战后，秦国重振东进之势；而韩、魏两国则覆军杀将，狼狈不堪。迫于无奈，魏昭王于公元前 288 年通过赵相李兑的关系亲赴邯郸朝觐赵惠文王，并分别向惠文王和李兑各献两城以结盟好。在李兑的主持下，赵国接受了这份贿赂，这意味着赵武灵王北上和戎的政策就此废除，赵国重新南下，充当起了诸侯合纵的联盟长。

正是从李兑的这个决策开始，赵国逐渐失去了对秦斗争的主动权。虽然赵武灵王留下的那支军队仍然具有较强的战斗力，但军队只是执行国家意志和国家战略的工具，没有高瞻远瞩的首脑做主使，再强大的军队也不免沦于平庸。自从赵国重新加入合纵连横的复杂博弈，它与秦国在决策层面的差距便日益显现。

伊阙之战，魏国本来就快被秦国打趴下了，赵国却在这个时候"不识时务"地站出来给魏国撑腰，这让秦相魏冉出离愤怒。为了打击赵国，他派使者入齐，向齐湣王致送"东帝"的称号，与"西帝"秦昭王并尊，希望以此为条件建立齐、秦两国的军事联盟，联手灭赵。这对赵国来说已是生死一线的关键时刻，但赵国方面却没能采取任何针对性的措施来化解这场危机，倒是燕国间谍苏秦出于灭齐的目的极力破坏齐、秦联盟，救了赵国一命。苏秦劝齐湣王说，眼下秦强而齐弱，一旦联兵灭赵，齐国唇亡齿寒。为今之计，不如主动放弃"东帝"的尊号，将代周自立的罪名加在"西帝"秦昭王的身上，由齐国牵头再组织一次山东诸侯的合纵伐秦。这样不但可以削弱秦国这个竞争对手，而且联军西进，大家的目光都聚焦在了函谷关上，齐国正好趁机吞灭宋国，壮大自己。这一进一出，秦强而齐弱的态势才有望彻底扭转。

这个建议深得齐湣王的赏识，但齐国要组织合纵伐秦，万一山东诸侯不予响应，又该如何呢？苏秦说：

"欲王之悬陶、平陵于薛公、奉阳君之上以勉之，终事然后予之，则王多资矣。"

——《战国纵横家书》

苏秦说，合纵伐秦的局面能否实现，成败关键就在魏相孟尝君和赵相李兑两个人身上。只要齐国许诺事成之后将平陵、定陶两座城邑分别赠予孟尝君、李兑做封邑，他们一定会积极促成这件事情。

苏秦说的没错。此时的赵相李兑年事已高，相比于赵国的前途命运，他更关心的是怎么才能为自己捞到一块油水丰厚的采邑。要知道，宋国定陶可是当时天下最繁华的商业城市，光每年的工商赋税收入就是一笔让所有政客看了都会眼红的巨额财源。不但李兑和齐湣王对定陶垂涎三尺，魏昭王乃至秦相魏冉也都在打定陶的主意。现在齐湣王竟然主动承诺，只要李兑促成联军伐秦，就把定陶奉送与他，李兑又怎能拒绝这份厚贿呢？当时就有谋士对齐湣王说：

> "奉阳君（李兑）甚贪之，唯得大封，齐无大异。"
>
> ——《战国策·赵策四》

如果说定陶是一块香饵，那么李兑就是被它钓住的一条大鱼。得到了齐湣王的承诺之后，李兑的确极力促成了联军伐秦。但齐、魏、赵三国在伐秦西征的途中个个心不在焉，都生怕自己在伐秦前线卖了傻力气，而把吞宋自肥的机会漏给了战友。因此，我们在《战国策》和《战国纵横家书》中能看到不少齐、赵、魏三国暗地里与秦国单独媾和的记载，联军伐秦也由此不了了之。伐秦失利的次年，齐湣王举兵消灭了宋国，但他并没有按照之前的约定将定陶送与李兑。吃独食对齐湣王和李兑来说是一件两败俱伤之事，《赵国史稿》分析道：

> 赵惠文王十三年，齐因得到了李兑与秦的支持，出兵灭宋，并乘胜割取楚之淮北地，西侵三晋，欲并周室，称天子。齐国的行动使各国感到恐惧，也使赵国内以李兑为首的亲齐派势力遭受沉重的打击，齐赵关系开始恶化。同年，赵以韩徐为为将，率军进攻齐国。由于列国对齐国行动的怨

恨，曾经阻止列国伐齐的李兑，其威信与权力也受到严重冲击，此后不久，年事已高的李兑在内外交困中死去，赵国历史上的李兑专权时代就此结束。

齐湣王犯了众怒，以李兑为首的亲齐派政治家在赵国失势，这是秦国最愿意看到的。齐国吞宋的次年（公元前285年），秦昭王邀请刚刚亲政的赵惠文王到中阳会晤，商议伐齐之事。为了宣示伐齐的坚决态度，秦昭王甚至派遣蒙骜统军，越过韩、魏，长驱攻打齐国的河东地区，并一举夺取了九座城池。紧接着，到了次年，秦国便推赵国为攻齐盟主，并由它出面联络燕国加盟。为了表示联盟诚意，秦国还分别向燕、赵两国送质子作为担保。联军组成后，燕将乐毅被任命为联军的最高指挥官，佩燕、赵两国相印，举兵攻齐，短短五年之内，连下齐城七十余座，从此强齐残破，再也无力与秦争衡。那座先前被齐湣王吞并的定陶城呢？此时已经变成秦相魏冉的封邑了。

这一场以定陶为注码的博弈随着齐国的惨败终于落下帷幕。虽然最后是齐国输了个干干净净，但赵国在外交中的拙劣表现也为它日后的覆灭埋下了祸根。这个空负强国之名的国家，先是受了齐湣王的欺骗，沦为齐国吞宋的帮凶，继而又被秦昭王利用，做了秦国破齐的刽子手。自始至终，赵国都没能展现出一个强国应有的政治影响力与领导力，相比于从前赵武灵王吞灭中山之时在齐、秦两强间左右逢源、就中取利的灵活手腕，如今的赵国外交确实退步太多了。现在强齐已残，赵国孤立。秦军的下一支箭就要射到赵国的眉心上了。

柒

公元前284年，齐湣王在五国联军的强大攻势下兵败山倒，秦昭王如愿击垮了一个东方的劲敌。放眼山东，还有能力与秦国一战的只剩赵国一家了。秦军的下一支箭会射向赵国吗？根据杨宽先生的《战国史料编年辑证》所列大事编年来看，似乎此时的局势正朝着这个方向发展：

公元前282年，秦国以赵国不愿配合自己联军攻齐为由，命白起攻取赵氏的祁城与兹氏；

公元前281年，白起再度统军伐赵，又占领了蔺城和离石；

公元前280年，白起三征赵国，攻占光狼城，斩首三万。

秦国连续三年对赵用兵，而且统军出征的都是大将白起，这是极不寻常的。我们不妨观察一下公元前295年至公元前266年，也就是穰侯魏冉主政秦国的这三十年中，他所制定的秦国对外扩张的总体规划，从中我们可以清晰地勾勒出一条"三部曲"式的线索。

公元前295年，魏冉拜相之初，秦国刚刚遭遇了五国伐秦的厄困，丢掉了封陵、武遂等黄河沿线的战略要地。此时摆在魏冉面前的首要任务是重新打通东进中原的通道。这就要求秦军必须集中兵力扫除韩、魏两国在洛阳西、南两面凭借山险构筑的防御屏障。于是才有了公元前293年的伊阙之战,秦将白起大破韩、魏联军,斩首二十四万。

经此一战,韩、魏两国一蹶不振,再也无力抵御秦军东进中原的步伐。但此时秦国东征军的右翼却暴露在楚国的面前。为了解除楚国对秦军右翼的威胁,公元前278年,白起率军攻楚,烧夷郢都,迫使楚顷襄王迁都于陈。楚国从此兵势败散,不复能竞。

打垮楚军之后,魏冉再次将秦军主力调回中原,对准魏国,并于公元前273年击破赵魏联军于华阳城下,斩首十三万,沉赵军两万人于黄河之中。而这一场大战役的指挥官不出意外,仍是白起。

从上述史实的梳理中我们应该能看出这么一条规律,那就是作为魏冉一手打磨的屠龙刀,白起是执行魏冉领土扩张计划最得力的人选。白起人在哪里,往往秦国对外扩张的主攻方向就在哪里。他现身的地方,动辄出现规模十几万人甚至几十万人的大战役。

如果我们以这样的认识回过头来审视公元前282年至公元前280年间白起三征赵国的行动,他的目的可就令人费解了:连续三年伐赵,貌似秦国攻赵的决心和意志都很强,但这三次战役的规模又都不大,而且按照秦国东扩的三阶段计划来看,地处北方的赵国显然不在秦军的主攻方向上,那为什么魏冉还要命白起不辞辛劳地三征赵国呢?要解释这个问题,我们需要补充一段在《史记》中失载的史实。

据杨宽先生《战国史》一书所说,公元前284年乐毅破齐之后,秦国成为地缘形势最有利的强国。魏冉最初的计划并不是趁齐国失败的当口南下攻楚,而是东向攻魏。得到白起出征魏国的消息后,苏厉曾经对西周君预言:

"(白起)是攻用兵,又有天命也。今攻梁,梁必破!"

——《战国策·西周策》

但战役的真实结果却与最初的预料大相径庭。名将白起居然在魏都大梁西北的北林被困住了!因为此时的魏国乃是山东诸侯的"纵亲之腰",无论燕、赵,都不能眼睁睁地看着魏国被白起消灭。于是在秦军兵临城下之际,赵国起兵十万,燕国起兵八万,纷纷加入了这场大会战,由此造成了白起的困局。攻魏的失败给了秦昭王和魏冉一个深刻的教训:秦国虽强,但只有在一对一的情况下才能保持较高的胜率。一旦山东诸侯兵连势结,秦国就有可能陷入被动。

伐魏不成,秦国调转兵锋,南下攻楚。对秦军的攻楚计划,台湾地区出版的《中国历代战争史》是这样分析的:

秦昭襄王既决定三路攻郢,乃于周赧王三十五年(公元前280年）命司马错发陇西之兵入蜀，并由蜀进攻楚之黔中郡，拔之。于是南路之进军告成。司马错又分一部之兵，由巴郡东下，达于夔巫，准备东出巫峡以攻郢之西。另一路军由武关东下，攻取楚之汉北及上庸之地，进入桐柏山地区。

公元前280年三路攻楚的秦军都已经开始行动了，白起这时候在干什么呢？他还在率兵攻击赵国的代邑呢。难道攻魏失败之后，秦昭王和魏冉还不吸取教训，仍想同时对赵、楚两个大国发动大规模进攻吗？以秦国的国力，我们都知道它绝无可能同时打赢这两场大规模的战争：后来长平之战中单为对付一个赵国，秦昭王把秦国十五岁以上的壮劳力全都派上了前线，而他的曾孙秦始皇遣王翦攻楚，一次投入了六十万大军，秦国甲士为之一空。重创楚、赵之中的任何一国，秦国都得使出吃奶的劲儿，以秦昭王和魏冉的精明，不可能算不出同时与赵、楚两强搏命的后果。

攻楚的前哨战已经打响，白起还滞留在赵国的阵地上，我以为这绝不是大举攻赵的信号，相反，秦昭王和魏冉应该是要虚张声势，就用白起这头虎来震慑赵国，防止它像当初援魏那样阻碍秦国的攻楚大计。只有在这种情况下，我们才能解释为什么白起三征赵国的战役规模看起来都很小——此时秦军主力已经在南方集结，摆开架势要大举攻楚了，秦昭王还能拨出多少军队供白起在赵国用兵呢？另外，我们还应该注意到秦国高层任用白起的一个规律：白起往往不会在大规模战役刚开始的时候就现身前线，总是等前哨战打完了,进入战役关键阶段,他才接掌兵权。

公元前 293 年的伊阙之战,前哨战是在公元前 294 年由秦将向寿率先打响的,等到次年韩魏联军的主力到达,白起才就任秦军统帅。

公元前 278 年的破郢之战,前哨战是在公元前 280 年由秦将司马错率先发动的,到公元前 279 年白起才从赵国南下,接过伐楚的北路军指挥权。

至于后来秦、赵之间发生的长平之战,也同样不出此例。王龁在长平前线与廉颇缠斗多时,直等到赵孝成王换将,命赵括为帅,白起才悄无声息地走进了秦军大营。

可就算白起不必第一时间赶赴荆楚前线,他总得有南下的一天。到了公元前 279 年,秦国的三路大军都已翻越郢都外围的山川险塞,从北、西、南三面逐渐形成对郢都的合围之势,白起动身的时候终于到了。南下之后,他指挥北路秦军连下鄢、邓、西陵诸城。此刻,或许留在赵国战场上的最后一支秦国偏师都随着白起南下了,秦昭王和魏冉又该用什么办法来拖住赵国可能的援楚之军呢?《史记·廉颇蔺相如列传》载:

> (公元前 279 年)秦王使使者告赵王,欲与王为好会于西河外渑池。赵王畏秦,欲毋行。

就在白起南下的几乎同时,秦昭王向赵惠文王发出了会盟邀请,邀约赵王于韩地渑池举行一次"好会"。可面对秦昭王的

"盛情",赵惠文王怎么想呢?他害怕了。也难怪,此前三年,赵军在白起的凌厉攻势下一败再败,这在赵国君臣的心里投下了巨大的阴影。这次秦昭王竟然亲自出马,谁知道他葫芦里卖的什么药?

秦昭王想要干什么?答案其实不难分析,他就是要赵国害怕,最好让赵国君臣产生误判,以为秦国随时可能大举攻赵。有了白起此前三征赵国的铺垫,秦昭王在这次会晤中完全有可能达成这个目的。所以一到渑池会上,秦昭王就开始卖力地表演。先是诈命赵王鼓瑟作乐以为羞辱,继而又恫吓赵国,要求它割地为秦王上寿。虽然在蔺相如的针锋相对之下,赵惠文王貌似没有裁面儿,但其实他输惨了!因为《史记·廉颇蔺相如列传》说:

> 秦王竟酒,终不能加胜于赵,赵亦盛设兵以待秦,秦不敢动。

秦军主力都随白起去了荆楚前线,这早晚秦昭王手里哪儿还有兵对赵国发动进攻?可赵国君臣看不穿秦昭王的障眼法,大将廉颇甚至把赵军主力摆在秦、赵边境,一副御敌于国门之外的架势。这下可好,失去援助的楚国就只能听凭白起宰割了。司马迁说"秦不敢动",貌似认为赵国赢了这一局,但真实的情况应该是"赵不敢动",秦昭王就凭一张嘴把几十万赵军主力滞留在了北方,就算戏台上演得神乎其神的诸葛空城计,高明也不过如此了吧?

从渑池会前后的秦、赵博弈看,两国此时最明显的差距其实还不在军力的强弱上,而是秦国的顶层战略设计和战略预判能力远胜于赵国。它能够确立这一优势的关键正是贤相魏冉。可能有人会就此提出反驳:赵国方面不是也有贤相吗?蔺相如难道不堪贤相之任?很遗憾,"将相和"的故事从来只存在于戏台之上,在真实的历史中,蔺相如不但不是"贤相",甚至连"相"都不是。这位勇气可嘉的大臣在赵国担任的一直都是军职而非文职。在战国将相分立的体制下,他是没法肩负起宰相的工作的。对蔺相如的职务,《史记》当中其实有明确的记载。廉颇向蔺相如负荆请罪的时候说:

"鄙贱之人,不知将军宽之至此也。"

——《史记·廉颇蔺相如列传》

在司马迁的记载中,廉颇称蔺相如为"将军",而蔺相如也称廉颇为"廉将军",说明他们都是军职人员。廉颇此前之所以对蔺相如不屑一顾,是因为蔺相如没有拿得出手的战功,仅凭完璧归赵和渑池会上的两次外交表现就越级擢升到了廉颇之上。对一个将军来说,"徒以口舌为劳"当然不是博取功名的正途,所以廉颇才这么不服气。倘若蔺相如本来就是文职,鼓舌弄笔正是他的本分,廉颇有什么可不满意的?另外,《史记》对战国人物的类传原则是贤相与贤相合传,名将与名将合传,所以樗里子和甘茂并为一传,范雎和蔡泽并为一传,白起与王翦并为一传。至于《廉颇蔺相如列传》，除了蔺相如之外，其余几位传主廉颇、赵奢、李牧无一例外都是赵国名将，蔺相如与他们合传，不正表明了他的将军身份吗？

蔺相如就像浑身是胆的赵云，可赵惠文王身边缺少的却是一个运筹帷幄的诸葛亮。《三国演义》里的水镜先生司马徽曾经对刘备说：

"关、张、赵云皆万人敌，惜无善用之之人。"

——《三国演义》第三十五回

自从赵武灵王去世之后，赵国这个"善用之之人"的位置便一直虚悬，以至于在与秦国的较量中步步被动。公元前278年白起攻破郢都之后，楚顷襄王被迫东迁陈县，魏冉随即便将白起调回了中原战场。从公元前276年起，秦军在此后的四年中频年向魏国发动攻击，到了公元前273年，实在挨不过打的魏安釐王向赵国求援，赵惠文王遣军救魏，赵魏联军并力进攻韩地华阳。魏冉命令将军胡伤配合白起南北夹击，大败赵魏联军于华阳城下，斩首十三万级。赵将贾偃率领败兵北退，白起一路追击到黄河岸边，沉其卒两万于河中。经过这一场混战，韩、魏耗损已甚，楚国疮痍未复，无论赵国是否愿意，与秦国的大决战已经离它越来越近了。

捌

　　决定秦、赵两国命运的那场大决战是在华阳之战的十一年后爆发的。这一年，赵惠文王的儿子赵孝成王做了一个奇怪的梦。他梦见自己穿了一件偏裻之衣，乘着飞龙上冲九霄，可半途就跌了下来。"偏裻之衣"是什么？通俗地说，就是衣裳左右两襟的颜色不一致。这样的奇装异服并非单纯出自幻想，在从前的历史上它还真出现过。《左传》记载，公元前660年晋献公命太子申生出征东山的时候就赐过他一件偏裻之衣。戎服以纯色为贵，杂色是不吉利的，所以申生收到这件赏赐后，麾下将领纷纷为他担忧。如今又是偏裻之衣，而且竟然披在了赵孝成王的身上，此梦主何吉凶呢？赵孝成王醒来后紧急召问了卜史。卜史告诉他："偏裻之衣主残。乘龙上天，不至而坠，暗示您心气太高，实际上却力不能逮。"赵孝成王又问："那我梦里还看到金玉山积，又怎么说？"卜史回答："这来历不明的巨富，怕不是吉兆吧。"

　　三天之后，这个奇怪的梦仿佛应验了。已经贵为武安君的秦将白起统军攻陷韩国野王，遮断了太行道，位于晋东南的上党郡霎时变成一只断线的风筝，脱离了韩都新郑的控制。不愿降秦的韩国上党太守冯亭遣使来到邯郸，向赵孝成王表达了投效之意：

　　　　"韩不能守上党，入之于秦。其吏民皆安为赵，不欲为秦。有城市邑十七，愿再拜入之赵，听王所以赐吏民。"

——《史记·赵世家》

上党降赵，其下辖的十七座城池就像梦里堆积如山的金玉那样，被冯亭双手奉献到了赵孝成王的面前，赵国该不该接受呢？从古至今，无数史评家对赵国该不该接受上党的问题发表过意见。反对者说，接受上党意味着提前与秦国决战，而心存侥幸的赵国并没有做好与秦国生死相搏的准备；而赞同的人则说，上党居高临下，俯瞰邯郸，倘若一朝属秦，赵国藩屏尽失，与其这样，还不如与秦国放手一搏。历史是不能假设的，我们没法去猜测假如赵国拒绝接受上党的话，后来的局势会如何演变，这样的猜测也没有意义。与其进行这种毫无意义的猜测，我们不如抽丝剥茧地寻绎一番：面对虎狼似的秦国，赵孝成王火中取栗的底气是打哪儿来的？在这里我想提出一个为人忽视的事实，那就是赵孝成王敢于接收上党，极有可能是受到了公元前270年阏与战胜的鼓舞。

阏与之战的爆发导源于秦、赵两国达成的一项领土置换协议。《战国策·赵策三》载，秦国攻占了赵国的蔺城、离石和祁邑之后，赵惠文王被迫遣公子郚入秦为质，同时向秦国提出请求，用焦、黎和牛狐三城换取被秦军攻占的蔺城等地。秦昭王同意了。可接收蔺城等三城之后，赵国却借故狡赖，拒绝向秦国交割焦、黎与牛狐。遭到戏弄的秦昭王勃然大怒，命中更胡阳为将，越过韩国上党，攻打邯郸西北的战略要地阏与，战争一触即发。阏与道远险狭，廉颇、乐乘等高级将领因此预测救援阏与凶多吉少，但赵军最后硬是凭借名将赵奢出神入化的指挥艺术击败秦军，解除了阏与之围。不甘心失利的秦军转年之后卷土重来，绕道东南进攻黄河南岸的幾邑，又被廉颇挫败。在山东诸侯逢秦必败的大背景下，这两场难能可贵的胜利自然而然地被国际舆论放大了，以至于当时就有人说出了"秦之所以不得志于天下者，以强赵在也"（《战国策·赵策三》）的话。

客观地来评价这两场战役，我们必须承认赵军的胜利有赖于一系列客观条件的成全。从这两场战役的爆发原因看，它们绝非伊阙之战、破郢之战和华阳之战那一类精心策划的作战行动，反而更像是秦国为了报复赵国毁约而做出的应激反应，这就决定了秦军从军事动员到作战意志都无法与上述三大战役相提并论。并且，阏与之战中，秦军是越过韩地进攻赵国，幾之战则是越过魏地进攻赵国。这种"越人之国而攻"的军事策略乃是秦相魏冉执政末期最大的败笔，他的继任者范雎曾经在秦昭王面前毫不客气地批评过魏冉的这一决策：

> 夫穰侯越韩、魏而攻齐纲、寿，非计也。少出师则不足以伤齐，多出师则害于秦。臣意王之计，欲少出师而悉韩、魏之兵也，则不义矣，今见与国之不亲也，越人之国而攻，可乎？其于计疏矣。

——《史记·范雎蔡泽列传》

"越人之国而攻"的决策出台于公元前271年，起因是魏冉损公肥私，想借秦军之力夺取齐国的纲、寿二城以扩大自己的封邑定陶。这一决策出台短短六年后（即公元前265年），曾经被秦昭王倚为干城的魏冉迅速失去了他的信任，被范雎顶替了宰相之位。而阏与之战和幾之战发生在公元前269年至268年间，正是魏冉与范雎两任秦相的权力过渡期。老一辈政治家魏冉此时已经技穷，而新生代政治家范雎尚未扶正，这才给了赵国可乘之机。等到范雎坐稳了相位，远交近攻的战略得到坚决贯彻，秦军可就没有这么容易被人抓住破绽了。

　　对于己方战胜的这些客观因素，赵孝成王的认识恐怕并不充分。阏与之战给予他最坏的影响是为他编织了这样一种幻想：哪怕对面是秦国的虎狼之师，哪怕自己干的是不讲道义的政治投机，只要战场统帅手段高明，赵国就能取胜。因此，当冯亭前来投诚时，赵孝成王的第一反应是：

　　"今发百万之军而攻，逾年历岁未得一城也。今以城市邑十七币吾国，此大利也！"

——《史记·赵世家》

　　白起衣不卸甲、马不离鞍地打了韩国四年，流血的是秦国，得利的却是赵国，这不正是一桩投机买卖吗？卜史对赵孝成王的警告是中肯的：不义之财，取之不祥。这一回赵孝成王下令接受上党，秦国的态度跟阏与战前绝不可同日而语。因为根据新任秦相范雎制定的"远交近攻"战略，夺取上党、征服韩国乃是秦国最终完成华夏统一大业的第一阶段目标：

"王不如远交而近攻。得寸则王之寸也，得尺亦王之尺也。今释此而远攻，不亦缪乎？且昔者中山之国地方五百里，赵独吞之，功成名立而利附焉，天下莫之能害也。今夫韩、魏，中国之处而天下之枢也。王其欲霸，必亲中国以为天下枢，以威楚、赵。楚强则附赵，赵强则附楚，楚、赵皆附，齐必惧矣。齐惧，必卑辞重币以事秦。齐附而韩、魏因可虏也。"

——《史记·范雎蔡泽列传》

范雎说得很清楚，必先征服韩、魏，秦国才有可能进一步拿下楚、赵；只有楚、赵屈膝称臣，远在东海之滨的齐国才会惧而听命。如果因为赵国插手上党导致征韩计划落空，那统一华夏的后续进程都会因此停滞。为了避免出现这样的灾难性后果，秦昭王除了跟赵国玩命，再没有第二个选择了！

如果秦、赵双方都全力以赴，赵国有能力在长平击败秦国吗？我个人认为，这种可能性微乎其微。至于原因，主要有以下两点。

其一，胡服骑射的军事改革虽然为赵国培养了一支能征善战的车骑兵，但赵国经济实力的增长显然滞后于军事实力的增长。用今天的话说，赵国在胡服骑射后的进步应该被定义为"军事崛起"。之所以造成这种结果，一方面是因为赵武灵王时期开拓的土地大半属于农耕条件不好或者开发尚不充分的地区——中山之土，时称瘠薄（关于这一点，可以参看《战国策·赵策四》），而云中、九原的河套之地仍以游牧经济为主；另一方面是因为赵国始终没能建立一套类似于秦国那样的耕战一体的举国体制。秦国自商鞅变法后逐渐成为一架运转精密的战争机器，百姓平时务农，战时为兵，勇于公战，怯于私斗，因此它的战争潜力远高于山东各国。赵孝成王流露出接受上党的意思后，平阳君赵豹第一时间表示反对，他的主要理由也就在这里：

"秦以牛田，水通粮，其死士皆列之于上地。令严政行，不可与战。王自图之！"

——《战国策·赵策一》

经济实力的短板制约着赵军在战场上的表现。长平之战进入相持阶段后，秦军的补给仍然源源不断，而赵国却拖到油尽灯枯，被迫向东邻齐国化缘借粮。两相比较，不难看出赵国的尴尬所在。事实上，赵武灵王当年策划的攻秦方案——收编林胡、楼烦的游牧骑兵，自云中、九原南出榆中以拊咸阳之背，这一方面当然有绕开函谷天险的考虑，另一方面恐怕也是为了规避赵国在粮饷补给上的困难；毕竟林胡、楼烦的游牧区域较之赵国本土距离秦国更近，而游牧骑兵作战常以抢掠为主，对后勤补给的要求比较低。

其二，撇开经济上的劣势，单从军事上考量，这支吸收了游牧骑兵的赵国军队相比于秦军，恐怕也不具备战斗力上的优势。

其后，义渠之戎筑城郭以自守，而秦稍蚕食之，至于惠王，遂拔义渠二十五城。惠王伐魏，魏尽入西河及上郡于秦。秦昭王时，义渠戎王与宣太后乱，有二子。宣太后诈而杀义渠戎王于甘泉，遂起兵伐灭义渠。于是秦有陇西、北地、上郡，筑长城以距胡。而赵武灵王亦变俗胡服，习骑射，北破林胡、楼烦，自代并阴山下至高阙为塞，而置云中、雁门、代郡。

——《汉书·匈奴传》

在上面这段文献中，史学家班固将秦灭义渠与赵武灵王征服林胡、楼烦视作同一性质的事件，这就大有深意。秦、赵两家同出一源，秦的先祖非子因为善于养马而受到周孝王的提携，赵氏先祖造父则因为善于御马而博得周穆王的青睐。同样在马背上建立功名的秦、赵两家都长期与戎狄杂居，深受胡俗浸染，也因此两家都选择了吞戎自大的扩张方式。赵武灵王征服林胡、楼烦，收编了他们的游牧骑兵，秦国吞并义渠应该也有类似的效果。因此秦军并不惧怕与游牧民族作战。后来蒙恬率领三十万大军北逐匈奴，收服河套，匈奴为之北却七百余里，就是最好的证明。

武行里有句口头禅，叫"同门技力胜身材"，也就是说在大家使用同一种搏击术的前提下，体量的大小将成为决定胜负的关键。秦、赵两军都同样吸收了游牧骑兵参战，但秦国的领土面积、人口数量较之赵国优势明显，因此在双方的直接较量中，秦军往往占据上风。从公元前282年秦军攻陷赵国的祁城、兹氏算起，直到公元前259年长平之战结束，这二十三年中秦、赵两军先后有过八次交锋的记录，分别是：

公元前282年，秦将白起攻赵，取祁城与兹氏；

公元前281年，秦将白起攻赵，取蔺城和离石；

公元前280年，秦将白起攻赵，取光狼城，斩首三万；

公元前274年，秦将白起与赵魏联军战于华阳，斩首十三万，沉赵军两万于河，虏一将军；

公元前270年，赵将赵奢破秦于阏与；

公元前269年，赵将廉颇破秦军于幾；

公元前265年，秦伐赵，取三城（秦军主帅不详）；

公元前259年，秦将白起破赵于长平，坑降卒四十五万。

八次交锋，秦军六胜二负，而且只要白起领军出征，就没让赵国赢过。

也曾有人提出过这样的观点，认为赵国之所以遭遇长平惨败，是因为那支传说中的车骑兵留守在赵国的北疆，并未南下参战，而没有南下的原因则是上党的山地地形不利于骑兵展开进攻。这种猜测其实没有根据。虽然司马迁并未在《史记》中专门提到赵国车骑是否参战的问题，但我们仍能找到赵军车骑参加了长平会战的旁证资料。

《孙膑兵法·八阵》中说"易则多其车,险则多其骑",真正不适合山地作战的兵种是车兵。至于骑兵,在长平战场作战并无问题。所以《史记·白起王翦列传》说赵军主帅赵括下令倾巢出击后,白起以"一军五千骑绝赵壁间"。秦军骑兵都已经出动了,赵国能把它引以为傲的车骑留在北方吗?长平战后的公元前251年,燕相栗腹奉王命出使赵国,回国后向燕王报告说:

"赵氏壮者皆死长平,其孤未壮,可伐也。"

——《史记·赵世家》

如果赵国北境还保留着一支强悍的车骑兵,栗腹能做出这样的报告吗?我认为,赵国车骑不但参加了长平会战,甚至这还是赵孝成王执意任命赵括担任长平前线总指挥的原因之一。根据《史记·廉颇蔺相如列传》的记载,赵括少时便学兵法,研习其父赵奢的军事理论著作,因此也是赵奢军事理论思想的主要继承人。赵奢在公元前270年阏与取胜之后获封"马服君","马服"是什么意思?虞喜《志林》解释道:"马服者,服马也。"用今天的话说,这个封号是为了表彰赵奢是一位精于骑射并且擅长指挥骑兵作战的将领。赵奢在阏与战后获封此号,间接说明阏与之战赵国投入了相当数量的车骑兵。而阏与、长平同属晋东南山地,赵孝成王命赵括取代廉颇为将,重温阏与战胜的意图一目了然。但赵括当得起孝成王的信任吗?

实事求是地说,我们今天没办法准确评价赵括的军事才能,因为他的父亲兼"导师"赵奢的军人履历有太多填补不上的空白。司马迁在《史记·廉颇蔺相如列传》中述及赵奢的早年经历时仅提到他曾经做过"田部吏"，负责征收租税，这显然是一个低级文官的职位。而后因为平原君赵胜的推荐，赵惠文王任用赵奢治国赋，主管的仍是民政而非军政。直到公元前270年阏与之战爆发，廉颇、乐乘都不敢接下率军驰援的任务，赵奢却临危受命，一战成名。试想，如果赵奢此前没在军中任过职，赵惠文王敢把这么艰巨的任务交托到他的手里吗？不可能！同时，就在这篇传记里，蔺相如还提到：

"（赵）括徒能读其父书传，不知合变也。"

这表明，相比于廉颇、李牧等赵国名将，赵奢的军事才能要更为全面。他不但能统军作战，而且还有军事理论著述。你能想象仅凭一个"田部吏"的经历，就能成就一位赵奢这样的名将吗？

赵奢的军中履历空白太多，但他的军事才能在文献的记载中还是比较清晰的。除了上文提到的善用骑兵之外，赵奢的另一个特点是善于指挥大兵团作战。《赵国策·赵策三》记载，齐人田单曾经对赵奢的用兵方略提出质疑，田单说：

"吾非不说将军之兵法也。所以不服者，独将军之用众。……单闻之，帝王之兵，所用者不过三万，而天下服矣。今将军必负十万、二十万之众乃用之，此单之所不服也。"

面对田单的质疑，赵奢这样回应：

"古者四海之内分为万国。城虽大，无过三百丈者；人虽众，无过三千家者。而以集兵三万距此，奚难哉？今取古之为万国者，分以为战国七，能具数十万之兵，旷日持久，数岁，即君之齐已。齐以二十万之众攻荆，五年乃罢；赵以二十万之众攻中山，五年乃归。今者，齐、韩相方，而国围攻焉，岂有敢曰'我其以三万救是'者乎哉？今千丈之城、万家之邑相望也。而索以三万之众围千丈之城，不存其一角，而野战不足用也。君将以此何之？"

赵奢的意思是，随着战国时代诸侯兼并的日益加剧，大兵团作战已经成为历史发展的必然趋势。那个被田单视作"用众"的所谓缺点，恰恰是赵奢为了适应新时代的战争形势而努力钻研的成果。

赵奢的第三个特点就是敢打硬仗险仗。当初率军救援阏与之前，赵奢曾经对惠文王说：

"其道远险狭，譬之犹两鼠斗于穴中，将勇者胜。"

——《史记·廉颇蔺相如列传》

赵孝成王后来执意任命赵奢的衣钵传人赵括为长平前线统帅，赵奢的这三大优点恐怕就是赵孝成王命将的主要理由：能指挥赵国最有战斗力的车骑兵；能掌控这场百万之众参与的规模空前的大战役；敢于主动出击，险中求胜，而不像廉颇那样一味稳守。赵孝成王热切地期盼赵括能在长平战场上将其父的军事指挥艺术发扬光大。

但赵奢如能复生，他恐怕不会同意赵孝成王的这个任命，因为赵奢说的险中求胜是需要条件的。作为统帅，在什么样的情况下才能险中求胜呢？偏师作战，输了动摇不了大局，也就不惮于弄险；虚国远征，孤注一掷，输了就土崩瓦解，那想不慎重都不行。赵奢曾经说：

"兵，死地也，而括易言之。使赵不将括即已，若必将之，破赵军者，必括也。"

——《史记·廉颇蔺相如列传》

在学习父亲的过程中，赵括将赵奢敢于弄险的特点无条件地放大了。"易言之"——连赵奢都感叹这个儿子太敢赌了，一点儿都不知道怕。四十五万人的大军啊，这是赵武灵王、惠文王和赵孝成王三代君王积攒下来的全部家底，就这么被赵括轻轻一掷，摆上长平的赌台与白起豪赌。最终他输了，输得血本无归。司马迁说，当赵军战败的消息传来，赵孝成王流露出了悔意。其实他没什么可后悔的，因为从接受上党的那一刻起，赵孝成王的心态就是要跟秦国赌，赌赵国能像阏与之战那样再占秦国一回便宜。所以他选择了一个最疯狂、最敢赌的前线统帅。结果呢，赵国自胡服骑射改革以来一个半世纪的苦心经营，就被这两个赌徒轻易地葬送了。

战国四公子

孟尝君

壹

公元前 298 年的一天凌晨,天光还没有放亮。夜幕下森然矗立的函谷关以及关城上的吏卒都还沉浸在一片睡意里。远方的官道上,疾风夹杂着散碎的马蹄声渐渐近了。只见一辆马车在若干随从的簇拥下直抵关城,向关楼上朗声高呼:

"奉大王令出关公干,有通关封传在此,速开关门!"

"朝廷法令:鸡鸣不到,关门不启!"

本来还端坐在马车中的贵人听了这话,眉头一蹙,露出几分焦虑,忙不迭向随行人员问道:"追兵在后,时间紧迫,我们恐怕等不起。诸公谁有良策,赚得开这关门?"

此言一出，众人默然。只见缀在后边的一骑随从捋了一下稀疏的狗油胡子，略带得意地策马上前，向贵人禀告说："在主公门下寄食多年，总未得着一个报恩的机会。今日，就让小人略效犬马吧。"一席话引得众人诧异，大家都想不出这个平日碌碌无为的下等门客能有什么金蝉脱壳的妙计。只见他撮起两片嘴唇引颈一呼，一声嘹亮的鸡鸣便如响箭一般蹿入夜空，连带着近旁民舍中的群鸡也跟着呼应起来。

"鸡鸣已到，开关放客！"

沉重的关门吱吱呀呀地开了，清晨的寒风从渐开的门洞中扑面涌来。"驾！"只听御者一声吆喝，马车辘辘地启动了，这一行人立刻扬鞭催马，抢出函谷天险，迅速消失在关东的夜色里。

一顿饭的工夫过后，一队秦军才赶到函谷关下。为首的将领询问关吏："此前可曾放人东行？"关吏回话说已经走了些时候了。将领捶胸顿足，责骂关吏道："误走了要犯，大王责怪下来，尔等吃罪得起吗？！"

要问先前偷渡函谷关的那辆马车上坐的是谁？此人正是名闻天下的齐国贵公子——孟尝君田文。

史书上记载，战国之世，齐有孟尝，赵有平原，魏有信陵，楚有春申，四大公子并世而立，都以礼贤下士、延揽宾客而为世人所尊崇。相比于其他三位公子，孟尝君鉴人识人的本领似乎在历史上留下的评价并不是很好，因为大家总嘲笑他门下出了些鸡鸣狗盗之徒。这一回离开乡邦，远赴秦国，孟尝君本来是应了秦昭王的盛情邀请出任秦相的，谁想到来了秦国，履职不久，便遭了旁人的逸言：

> 人或说秦昭王曰："孟尝君贤，而又齐族也，今相秦，必先齐而后秦，秦其危矣。"于是秦昭王乃止。囚孟尝君，谋欲杀之。
>
> ——《史记·孟尝君列传》

秦昭王犯了疑心病，意欲囚杀孟尝君，以绝后患。孟尝君无奈，只得向秦王的枕边人疏通，寻求转圜的可能。可秦王的爱妃说她喜欢孟尝君手里那领狐白裘，想请孟尝君割爱。这件宝贝，孟尝君一到秦国就把它当作见面礼献给了秦昭王，眼下已经锁到秦国的宫藏里去了，又哪来第二领狐白裘可以割爱呢？但要没有这领狐白裘，秦王爱妃不为通融，孟尝君又将何以续命？危难之际，孟尝君门下一个精于狗盗的门客冒死潜入宫藏，盗出了这领狐白裘奉送爱妃，这才解脱了孟尝君的桎梏，助他仓皇逃离咸阳。

以狗盗之辈逃离咸阳，因鸡鸣之徒赚开函关，孟尝君倒是仗着鸡鸣狗盗的襄助死里逃生，返回了齐国，可想想平原君门下慷慨陈词的鲁仲连，想想信陵君门下忠君死事的侯嬴，再看一眼孟尝君的幕府，那似乎算得上是藏污纳垢的所在了。就连称他"好客喜士"、为他树碑立传的司马迁对这一点都颇有微词。司马迁说，他曾经去过孟尝君的封邑薛城，发现薛城的市井坊间尽多凶悍强暴之人，与齐鲁彬彬有礼的风俗大相径庭。一问之下才晓得，这些人的先世多半是孟尝君当年招揽过来的亡命徒。堂堂战国公子，原来竟是个黑帮大佬吗？

贰

如果说孟尝君只会鸡鸣狗盗、藏污纳垢，那可真是冤枉他了。事实上，在战国四公子当中，没有谁的政治格局比孟尝君更加恢廓，也没有谁的事业功名比孟尝君更加耀眼。要不然的话，秦昭王干吗闻风慕名，千里迢迢地从齐国请他来做相国呢？孟尝君真正的本事，也是最为秦昭王所看重的，是他的战略眼光和外交手腕。这个战国时代最杰出的纵横家，在入秦拜相之前刚刚做下了一桩轰动国际的大事：

> （楚怀王）二十八年，秦乃与齐、韩、魏共攻楚，杀楚将唐眜，取我重丘而去。
>
> ——《史记·楚世家》

公元前301年，齐国、魏国与韩国联合出兵攻打楚国的方城，斩杀楚帅唐眜，大获全胜。这场战役就是孟尝君一手策划的杰作。伐楚获胜之后，孟尝君邀请魏襄王于釜丘会盟，据马骕《绎史》所言，双方初步达成了合纵攻秦的共识。世人常说，横成则秦帝，纵合则楚王。现下楚国已经兵败失势，齐、魏等三国联军贾其余勇，兵进函谷，并不是没有可能的。为了避免孟尝君的下一刀落到秦国身上，秦昭王只得采取主动，派胞弟泾阳君嬴芾为质，前往齐国谋求亲善，力图以连横瓦解合纵。而正巧此时，秦国丞相，号称"智囊"的樗里子不幸去世，秦昭王干脆一不做二不休，极力游说孟尝君入秦为相，这样一面为秦国延揽相才，一面又拆去了三国合纵的主心骨，算得上是一石二鸟的妙计了。

可孟尝入秦、连横势成并不是所有人都乐于见到的，比如当时正处心积虑想要吞并中山的赵武灵王就感到了巨大的威胁。中山据赵腹心，负隅顽抗，它所仗恃的正是齐国的支持。一旦齐、秦结为联盟，没了后顾之忧的齐国必将更加坚决地力挺中山，对抗赵国的兼并。于是，就在孟尝君拜相的第二年：

> 薛文以金受免。楼缓为丞相。
>
> ——《史记·秦本纪》

金受又名金投，与楼缓同是赵国著名的亲秦派政治家。为了瓦解齐、秦联盟，赵武灵王借着当年扶立秦昭王的旧情，派金受与楼缓入秦运作，将孟尝君挤下了秦国的相位，并由楼缓取而代之。失势后的孟尝君在鸡鸣狗盗的帮助下死里逃生，返回齐国。重任齐相后不久，他便联合韩、魏向秦国发动了报复性的进攻。从公元前298年起，经过三年苦战，联军终于攻破函谷关，迫使秦昭王把侵吞自韩、魏两国的武遂、封陵等地吐了出来。纵观秦孝公以来山东诸侯的合纵抗秦斗争，能够攻破函关、迫使秦国签订城下之盟的人，除了孟尝君，再没有别人了。就算是那位被司马迁高度评价的信陵君无忌，率领五国联军伐秦，也不过将秦军封闭于函谷关以西，如此而已。

叁

孟尝君能在诸侯列国间纵横捭阖、左右逢源，表现出超越一般贵族公子甚至诸侯国君的强大政治能量，靠的是什么呢？《史记·孟尝君列传》载：

> （田）文承间问其父（田）婴曰："子之子为何？"曰："为孙。""孙之孙为何？"曰："为玄孙。""玄孙之孙为何？"曰："不能知也。"文曰："君用事相齐，至今三王矣，齐不加广而君私家富累万金，门下不见一贤者。文闻将门必有将，相门必有相。今君后宫蹈绮縠而士不得短褐，仆妾余粱肉而士不厌糟糠。今君又尚厚积余藏，欲以遗所不知何人，而忘公家之事日损，文窃怪之。"于是婴乃礼文，使主家待宾客。宾客日进，名声闻于诸侯。

战国封君不同于春秋时代的卿大夫，他们虽然保有封邑的经济特权，得以享受租税，但封邑的行政事务却要受到国君的干预，军队也直接隶属于国君指挥，而不像春秋那样，是卿大夫的家族私兵。在这种体制下，封君的权力从法理上说只能源于国君的授予。一旦失去国君的信任，封君的权势、财富和地位都将瞬间化为乌有。据《史记》所载，孟尝君的家族自其父靖郭君田婴在时便以封君的身份长期把持齐国相位。田婴借助权势，拼命敛财。对此，孟尝君颇有微词，瞅准机会向父亲提出了敛财积富不如散财养士的建议。

一个政治家的权力绝不可能仅建立在巨额财富之上。天下财散与天下人，这种政治家的大格局孟尝君是有的。为此，自父亲田婴还在世的时候，他便竭力散财养士，培植家族的私人势力：

> 孟尝君招致天下任侠，奸人入薛中盖六万余家矣。
>
> ——《史记·孟尝君列传》

被孟尝君招揽到封邑薛城的，多半是诸侯列国的犯法亡命之徒。换句话说，孟尝君利用薛城的赋税收入，吸引那些挣脱了各国政府直接控制的人力资源汇聚于此，以这些脱序之民为基础建立了一个庞大的私人势力集团。对古代国家而言，立国之本，无外乎土地与人口。薛城既有土地与赋税的收入，更兼强势地吸纳游民，久而久之，便从一般意义上的封邑发生蜕变，逐渐接近于国家的形态了。《史记·孟尝君列传》载：

> 孟尝君过赵，赵平原君客之。赵人闻孟尝君贤，出观之，皆笑曰："始以薛公为魁然也，今视之，乃眇小丈夫

耳。"孟尝君闻之，怒。客与俱者下，斫击杀数百人，遂灭一县以去。

司马迁说，失去秦相之位，从秦国逃回齐国的孟尝君途经赵国，曾受到赵人的嘲笑。孟尝君一怒之下，竟命令手下门客屠了赵国一县，扬长而去。虽然这个故事被史学家杨宽先生质疑，但诸如此类的历史传闻附会在孟尝君而非别的历史人物身上，也多少折射出薛城的私人武装之强大，已经与国家军队无异。

公元前294年，齐国发生了"田甲劫王"事件，齐湣王很疑心田甲的犯上作乱是受到了久秉齐政的孟尝君的指使，于是，孟尝君在齐湣王的猜疑下被迫出走魏国，做了魏国丞相。

驱逐孟尝君后，齐湣王虽然成功收回了齐国的最高权力，但是他疯狂地对外扩张，尤其是吞并殷宋的莽撞行为招致天下诸侯侧目。眼见齐湣王犯了众怒，身在魏国的孟尝君又一次施展长袖善舞的外交手腕。他主动联络赵将韩徐为和燕昭王，进而促成了秦、赵、魏、韩、燕五国联军伐齐的行动。对孟尝君的所作所为，梁玉绳曾表示不可思议：

> 孟尝号贤公子，岂有召虎狼之秦，返兵内向，屠灭宗邦哉？

——《史记志疑》

孟尝君不顾先人坟茔尚在齐国的事实，纠集五国联军伐破祖国，或许这样的不义之举在梁玉绳看来就是"不贤"，但也只有这样做才真正符合孟尝君的政治理想——湣王出奔，齐国破败，薛城便正好借机从衰朽的母体中独立出来，成为一个新生的邦国：

> 后齐湣王灭宋，益骄，欲去孟尝君。孟尝君恐，乃如魏。魏昭王以为相，西合于秦、赵，与燕共伐破齐。齐湣王亡在莒，遂死焉。齐襄王立，而孟尝君中立于诸侯，无所属。齐襄王新立，畏孟尝君，与连和，复亲薛公。
>
> ——《史记·孟尝君列传》

虽然这个新生的薛国没能在此后的诸侯兼并中幸存下来，但孟尝君散财养士、交结诸侯，最终实现独立建国的这份成就，却是其他三位战国名公子所无法企及的。

平原君

壹

公元前258年，阴沉的狼烟如黑云压顶一般笼罩在赵都邯郸的城头。一年多前，赵国的四十万精锐尽丧于长平战场。兵败山倒，秦国的虎狼之师如潮水一般扑向孤立的邯郸城。严峻的战争形势让正在城楼上瞭望敌情的赵相平原君心乱如麻。放眼望去，城下只见密布的秦军营寨，而已经承诺发兵援赵的楚、魏两国，却连一面军旗的影子都还没有看到。

平原君缩在女墙后面满心惴惴的当口，旁边有人开口问道："君不担心赵国的灭亡吗？"平原君扭头一看，只觉面生。其人自陈是邯郸传舍小吏李某的儿子李同。贱吏之子怎敢妄议国事？！借着一股子烦躁的劲儿，平原君没好气地回应他道："这话问的！赵国若灭，我还不是得做亡国奴，怎么可能不担忧呢？"没想到，李同接下来说出了这样一段令人触目惊心的话：

"邯郸之民炊骨易子而食，可谓急矣。而君之后宫以百数。婢妾被绮縠、余粱肉，而民褐衣不完，糟糠不厌。民困兵尽，或剡木为矛矢，而君器物钟磬自若。使秦破赵，君安得有此？使赵得全，君何患无有？今君诚能令夫人以下编于士卒之间，分功而作；家之所有，尽散以飨士。士方其危苦之时，易德耳。"

——《史记·平原君虞卿列传》

邯郸被秦军围困了这许多时日，就像一个被毒蛇缠住的伤者，慢慢地流尽了血液，元气大伤。城中百姓已经连最基本的生活给养都难以维持了，人吃人的惨剧每天都在邯郸的街头发生。可平原君呢？还养着成百的姬妾，锦衣玉食，颇有点食肉糜而不知人间疾苦的意思。无巧不成书，李同批评平原君的话，从前还有另一个人说过。那是邻国的贤公子孟尝君田文，他也像这样批

评过自己的父亲靖郭君田婴:

> "今君后宫蹈绮縠而士不得裋褐,仆妾余梁肉而士不厌糟糠。今君又尚厚积余藏,欲以遗所不知何人,而忘公家之事日损,文窃怪之。"

——《史记·孟尝君列传》

若孟尝君还在世,看见与自己齐名的赵国公子平原君这样拼命敛财、不恤民生,不知会作何感想。但毫无疑问的是,和明确宣称敛财积富不如散财养士的孟尝君比起来,平原君赵胜的确有些鼠目寸光、格局狭窄。若认真说起来,平原君这个贪财敛财的毛病也不是在邯郸之围的时候才暴露出来的,而是早已种下了病根。《史记·廉颇蔺相如列传》载:

> 赵奢者,赵之田部吏也。收租税而平原君家不肯出租,奢以法治之,杀平原君用事者九人。平原君怒,将杀奢。

他平日里不光向黔首平民敲骨吸髓,而且还明目张胆地偷税漏税。对上,挖国君国库的墙脚;对下,薅普通百姓的羊毛。平原君因此积累了如山的金银,可也正是这些财富遮住了一个政治家的远见卓识,让他在国家命运大转折之时一叶障目,做出了错误的判断。

贰

公元前262年,秦国大将白起攻陷野王,切断了韩国飞地上党与都城新郑的联系。上党太守冯亭不愿降秦,遣使向赵国表达了投效之意。是回绝冯亭,避免因上党惹火烧身呢,还是接收上党,与秦国展开一场生死较量?赵孝成王犹豫未决。君臣集议之时,是平原君抛出一番"大利论",帮孝成王下定了决心。平原君说:

"发百万之军而攻,逾岁未得一城,今坐受城市邑十七,此大利,不可失也。"

——《史记·赵世家》

贪图横财,不计后果。平原君的错误决策招致了司马迁的严厉批评:

平原君,翩翩浊世之佳公子也,然未睹大体。鄙语曰"利令智昏",平原君贪冯亭邪说,使赵陷长平兵四十余万众,邯郸几亡。

——《史记·平原君虞卿列传》

虽然司马迁的板子是打在了平原君的身上,但真正应该受过的又岂止他一个人呢?事实上,自从赵孝成王上台伊始,赵国朝野就一直弥漫着这样一种保守与短视的氛围。《史记》说平原君三次下野,又三次重登相位,因为文献记载的缺失,我们今天已经无法复原平原君三落三起的完整经历,但可以肯定的是,平原君在赵孝成王二年之后的那一次拜相,一定强烈地影响了赵国政治的未来走势。清儒梁玉绳曾在《史记志疑》一书中说:

> 考惠文以相国印授乐毅,孝成割济东地与齐,求田单为将。……孝成元年,有单攻燕,二年有单为相之事。

赵孝成王嗣位之初,相国本是齐人田单。之所以用齐人为相,大概是因为秦国趁着赵惠文王驾崩、赵孝成王初立的时机发兵攻赵,为了抵御秦国的侵略,赵国急需东邻齐国的支持。触龙说赵太后的故事大家都是知道的。为了说服齐国出兵援赵,垂帘听政的赵威后甚至不惜以爱子长安君为质,由此促成了齐、赵两国联盟抗秦的有利形势。可赵威后在赵孝成王二年驾崩,亲政后的赵孝成王随即任命平原君取代了田单,此后,赵国所有重大国务的决策与执行过程中便很少见到异姓大臣的影子了。

长平之战前,冯亭主动投效,赵孝成王御前集议。与会的平阳君赵豹、平原君赵胜和赵禹清一色都是赵氏宗亲,而曾被赵惠文王倚为干城的廉颇、蔺相如甚至都没有参与讨论。长平之战开打后的头三个月里,前线统帅廉颇一再失利,见势不妙的赵孝成王动了与秦媾和的念头。异姓大臣虞卿极力劝阻赵孝成王发使入秦，认为只有联合楚、魏，造成合纵之势，才能逼迫秦国和谈。但是，即便是虞卿这位被赵孝成王亲手奉为上卿的异姓大臣也无法说服他。赵孝成王选择了无视虞卿的谏阻，转而和平阳君赵豹商议，派出使臣入秦求和。结果不出虞卿所料，秦国根本没有和谈的诚意。求和不成，赵孝成王被迫在长平战场孤注一掷。而他决定由缺乏作战经验的青年将领赵括取代百战名将廉颇出任赵军统帅，恐怕也有用赵姓不用异姓的思想在作祟。

在中国的历史上，一个政权的没落，往往与排挤异姓的保守政治密不可分。远的如项羽重用诸项，近的如洪秀全大封同姓，最后无一例外，都落得个身死国灭的下场。

正当赵国朝廷任人唯亲的风气大兴的时候，战场对面的秦人却在痛定思痛、改弦更张。秦昭王以壮士断腕的勇气，果断废黜了舅父穰侯魏冉的宰相职务，命他还居封邑，却把魏国逃来的游士范雎扶上了相位。从此，秦国的对外政策走上了远交近攻的正确轨道，而范雎、蔡泽、李斯等客卿前赴后继，在开放的政治氛围中先后发力，助推秦国最终完成统一天下的伟业。

反观赵国，长平惨败，邯郸被围，即便国势已经危急到了这个地步，赵孝成王和平原君也没有任何反省自悔的意思。邯郸解围之后，虞卿曾打算为平原君向赵孝成王请功，听到消息的公孙龙劝阻平原君说：

> "王举君而相赵者,非以君之智能为赵国无有也。割东武城而封君者,非以君为有功也,而以国人无勋,乃以君为亲戚故也。君受相印不辞无能,割地不言无功者,亦自以为亲戚故也。今信陵君存邯郸而请封,是亲戚受城而国人计功也。此甚不可。"
>
> ——《史记·平原君虞卿列传》

公孙龙的意思是,平原君之所以封侯拜相,秉政赵国,乃是因为赵国抡才以亲而不以功。平原君是依靠自己的血缘身份而非智谋功劳才登上相位的。如今保住了邯郸,如果论功行赏,酬谢平原君的话,那岂不是坏了抡才以亲的规矩吗?再想想商鞅在秦国变法时定下的规矩:

> 宗室非有军功论,不得为属籍。明尊卑爵秩等级,各以差次名田宅,臣妾衣服以家次。有功者显荣,无功者虽富无所芬华。
>
> ——《史记·商君列传》

论功行赏的秦国人人自励,奋发有为,而论职以亲的赵国,却在变相纵容平原君等宗室大臣的贪婪与短视。无怪乎平原君死后,子孙后代竟会"与赵俱亡"了。

信陵君

壹

虽然同是以招贤纳士、宾客盈门而著称的战国贵公子，但平原君赵胜的小舅子信陵君魏无忌却与他的姐夫大不相同。据《史记》所载，公元前257年，矫夺晋鄙兵权以解邯郸之围后，魏公子无忌为免魏安釐王秋后算账，留居赵国。旅赵期间，他慕名结交了两位赵国隐士毛公和薛公：

> 公子闻赵有处士毛公藏于博徒，薛公藏于卖浆家，公子欲见两人，两人自匿不肯见公子。公子闻所在，乃间步往，从此两人游，甚欢。平原君闻之，谓其夫人曰："始吾闻夫人弟公子天下无双，今吾闻之，乃妄从博徒卖浆者游，公子妄人耳。"夫人以告公子。公子乃谢夫人去，曰："始吾闻平原君贤，故负魏王而救赵，以称平原君。平原君之游，徒豪举耳，不求士也。无忌自在大梁时，常闻此两人贤，至赵，恐不得见。以无忌从之游，尚恐其不我欲也，今平原君乃以为羞，其不足从游。"
>
> ——《史记·魏公子列传》

毛公藏身于赌馆，薛公隐迹在酒肆。为了将这二位贤士招致麾下，魏公子无忌不惜纡尊降贵，与二人为布衣平交。可他的礼贤下士却招来了姐夫平原君的鄙视。平原君斥无忌自甘堕落，混迹于下九流的行伍。而无忌则反唇相讥，质疑平原君爱慕虚荣，并不真懂鉴士求士。

对这段发生在二位公子间的小插曲，私以为不能仅视作意气之争，它实际上折射出信陵君与平原君招贤纳士的不同策略，甚至可以说反映了以信陵君、平原君为核心的两大政治集团的不同特征。关于这一点，我们只要看看魏安釐王和赵孝成王对待信陵君与平原君的不同态度便一目了然。对信陵君无忌和他身边庞大的幕僚集团，魏安釐王始终心怀惴惴，恐惧不安：

> 公子与魏王博，而北境传举烽，言"赵寇至，且入界"。魏王释博，欲召大臣谋。公子止王曰："赵王田猎耳，非为寇也。"复博如故。王恐，心不在博。居顷，复从北方来传言曰："赵王猎耳，非为寇也。"魏王大惊，曰："公子何以知之？"公子曰："臣之客有能深得赵王阴事者，赵王所为，客辄以报臣，臣以此知之。"是后魏王畏公子之贤能，不敢任公子以国政。

——《史记·魏公子列传》

司马迁批评魏安釐王防嫌信陵君是嫉贤妒能、心胸狭隘，公正地说，这恐怕已经偏离了一位历史学家本应该坚持的冷静客观的立场。从这段记载看，信陵君依靠手下的三千门客编织起了一张强大的情报网络，对北邻赵国的一举一动，他都了如指掌。信陵君既然有能力监视赵王的所作所为，那近在咫尺的魏王呢？信陵君难道就不会在他身边安插眼线吗？事实上，魏安釐王的宫闱秘事，信陵君和他身边的核心幕僚纤毫毕知。公元前258年秦军围困邯郸，魏安釐王本拟发兵救援，却因为受到秦国的武力威胁而下令十万援军留驻邺城，不得入赵参战。信陵君屡次劝谏魏安釐王作速进兵，但魏安釐王慑于秦国的淫威，就是不肯颁下兵符。双方僵持不下的时候，谋士侯嬴对信陵君说：

> "嬴闻晋鄙之兵符常在王卧内，而如姬最幸，出入王卧内，力能窃之。"

——《史记·魏公子列传》

身为信陵君的谋主，侯嬴不但了解魏安釐王最宠幸的人是如姬，甚至连魏安釐王的兵符放在王宫的哪个位置都一清二楚。由此推论，信陵君在监控北邻赵国的同时，很可能对自己的王兄采取了更加严密的监控手段。大臣暗布眼线，刺探宫闱隐私，这是任何一个独裁君主都不能容忍的犯上之举。在历史上，因为发现此类事件而大开杀戒的君主不乏其人，比如秦始皇：

> 乃令咸阳之旁二百里内宫观二百七十复道甬道相连，帷帐钟鼓美人充之，各案署不移徙。行所幸，有言其处者，罪死。始皇帝幸梁山宫，从山上见丞相车骑众，弗善也。中人

或告丞相，丞相后损车骑。始皇怒曰："此中人泄吾语。"案问莫服。当是时，诏捕诸时在旁者，皆杀之。自是后莫知行之所在。

——《史记·秦始皇本纪》

对自己的隐私，秦始皇采取了极为严厉的保密措施。哪怕只是皇帝的行踪遭到泄露，所有沾上嫌疑的人都要一并处死。相比之下，魏安釐王作为堂堂一国元首，他的私生活在信陵君面前竟然是透明的！像这样危险的人物，魏安釐王又怎么敢把国政交给他来打理呢？

贰

信陵君依靠众多门客编织起一张宽大的网，将魏安釐王"罩"了起来，使之不得挣脱，引发了魏安釐王的忧虑。与此形成鲜明对比的是，就在信陵君要去救援的赵国，赵孝成王对待养士的平原君却大不相同。虽然平原君门下也养着数千门客，看起来势力并不比信陵君更小，但赵孝成王却似乎可以放心大胆地把政务统统托付给平原君。《史记·鲁仲连邹阳列传》载：

鲁连见新垣衍而无言。新垣衍曰："吾视居此围城之中者，皆有求于平原君者也；今吾观先生之玉貌，非有求于平原君者也，曷为久居此围城之中而不去？"

根据魏安釐王派往邯郸的使者新垣衍的观察，围城邯郸当中，那些有能力突围却仍逗留不去的人，都是"有求于平原君"者。用今天的话说，这些人的俸禄爵赏都要仰仗平原君而非赵孝成王的赐予。平原君能够代表赵孝成王行使赏罚之权，这在邯郸解围后的论功行赏中也可以得到印证：

> 平原君既返赵，楚使春申君将兵赴救赵，魏信陵君亦矫夺晋鄙军往救赵，皆未至。秦急围邯郸，邯郸急，且降，平原君甚患之。邯郸传舍吏子李同说平原君……于是平原君从之，得敢死之士三千人。李同遂与三千人赴秦军，秦军为之却三十里。亦会楚、魏救至，秦兵遂罢，邯郸复存。李同战死，封其父为李侯。
>
> ——《史记·平原君虞卿列传》

> 适会魏公子无忌夺晋鄙军以救赵，击秦军，秦军遂引而去。于是平原君欲封鲁连，鲁连辞让者三，终不肯受。平原君乃置酒，酒酣起前，以千金为鲁连寿。
>
> ——《史记·鲁仲连邹阳列传》

李同和鲁仲连在邯郸被围之际都是直接向平原君献计，而解围之后，平原君封赐他们并不见事先请示赵孝成王的记载。不但平原君爵赏属下不必请示王命，甚至赵孝成王想要有所封赏，还得颠倒过来先征求平原君的意见：

> 赵孝成王德公子之矫夺晋鄙兵而存赵，乃与平原君计，

以五城封公子。

——《史记·魏公子列传》

为什么赵孝成王就不像魏安釐王忌惮信陵君那样忌惮相国平原君专权擅政呢？这一方面可能是赵孝成王一朝的政治风气使然：从赵孝成王执政伊始，重用宗室、论职以亲的不良风气就一直弥漫不散。另一方面，我们似乎也可以认为，以平原君为首的政治集团对君权的威胁不如信陵君集团那么大。《史记·平原君虞卿列传》载：

> 秦之围邯郸，赵使平原君求救，合从于楚，约与食客门下有勇力文武备具者二十人偕。平原君曰："使文能取胜，则善矣。文不能取胜，则歃血于华屋之下，必得定从而还。士不外索，取于食客门下足矣。"得十九人，余无可取者，无以满二十人。

秦军围困邯郸的时候，平原君前往楚国请求救援。楚国能否伸出援手，关系到赵国的生死存亡。所以对这一次出使楚国的外交谈判，平原君极其重视，并从门客中严选干才，要组建一支精干的随行使团。平原君的门客有数千人之多，选出二十人组成使团应是百里挑一，本该轻而易举，可平原君挑来挑去，只挑到了十九个得用之人，剩下一个死活凑不齐了。更让平原君尴尬的是，他亲自遴选的这十九位幕僚到了楚国全都碌碌无为，剩下那位在谈判桌上一锤定音，促成楚赵联盟的门客毛遂居然是出发前自告奋勇前来凑数的。信陵君无忌批评平原君养士"徒豪举耳"——只不过摆摆阔气，充充门面，好看却不中用，从毛遂自荐的故事看，信陵君所言原来不虚。

叁

平原君的门客多为碌碌之辈，而信陵君门下却尽是能员干吏。平原君所拥有的政治条件明明是远胜于信陵君的，为何乏人可用的竟会是平原君呢？对这个问题，我们须得认真做一番考证，因为《史记》的相关记载舛误、纰漏实在太多。《魏公子列传》载：

> 昭王薨，安釐王即位，封公子为信陵君。是时范雎亡魏相秦，以怨魏齐故，秦兵围大梁。破魏华阳下军，走芒卯。魏王及公子患之。

《史记·六国年表》显示，魏公子无忌是在魏安釐王即位的那一年被封为信陵君的。魏安釐王元年也就是公元前276年，时当秦昭王三十一年。此时秦国的丞相仍是穰侯魏冉而非应侯范雎。范雎取代魏冉为相，要迟至公元前266年，也就是信陵君受封的十年之后。但是以《秦本纪》的相关记载为参照，下面这个事实却可以得到印证，那就是从魏安釐王登基的那一年开始，秦国的确连续不断地向魏国发起了攻势：

> （秦昭王）三十一年（公元前276年），白起伐魏，取两城。楚人反我江南。
>
> （秦昭王）三十二年（公元前275年），相穰侯攻魏，至大梁，破暴鸢，斩首四万，鸢走，魏入三县请和。
>
> （秦昭王）三十三年（公元前274年），客卿胡阳攻魏卷、蔡阳、长社，取之。击芒卯华阳，破之，斩首十五万。魏入南阳以和。
>
> ——《史记·秦本纪》

魏安釐王二年，秦相魏冉率兵伐魏，兵锋直指大梁。两年后，大将白起击破魏赵联军于华阳之下[①]，给两国造成了高达十五万人的战场损失。魏国在战败的危机中越陷越深，促使信陵君不得不做出一番思考：怎样才能重振魏国的声势，抵御秦国日甚一日的蚕食呢？而他给出的答案便是礼贤下士，求人襄助。《史记·魏公子列传》载：

> 公子为人，仁而下士。士无贤不肖，皆谦而礼交之，不敢以其富贵骄士。士以此方数千里，争往归之。致食客三千人。当是时，诸侯以公子贤，多客，不敢加兵谋魏十余年。

魏国已经走到了生死存亡的边缘，信陵君不得不放下身段，

[①] 《史记》将华阳之战误系于公元前274年，实际上华阳之战发生在公元前273年，详参杨宽《战国史料编年辑证》。

招贤纳士。但要说三千门客集于麾下，便足以威慑秦国，使其在此后的十余年中不敢向魏国用兵，这就沦为小说家式的夸张了。因为信陵君的谋主侯嬴曾经坦言，用这些门客去对付秦国的虎狼之师实在是螳臂当车：

> "公子喜士，名闻天下。今有难，无他端，而欲赴秦军，譬若以肉投馁虎，何功之有哉？"
>
> ——《史记·魏公子列传》

秦国在公元前274年之后逐渐减弱了对魏国的攻势，并非由于信陵君那三千门客的震慑，而是秦相魏冉的失策所致。魏冉此时的私欲膨胀已经愈演愈烈，为了扩大自己的封邑定陶，他错误地策划秦军越过韩、魏的领土，远征齐国，攻取纲、寿。虽然这次军事冒险侥幸获得了成功，但胜利的果实却全被魏冉装入了自己的私囊，至于秦国，并未从中收获任何战争红利：

> （秦昭王）三十六年（公元前271年），客卿灶攻齐，取刚（纲）、寿，予穰侯。
>
> ——《史记·秦本纪》

也正是这个原因，此时已经抵秦的魏国谋士范雎在秦昭王面前对魏冉进行了猛烈的抨击：

> "夫穰侯越韩、魏而攻齐纲、寿，非计也。少出师则不足以伤齐，多出师则害于秦。臣意王之计，欲少出师而悉

韩、魏之兵也，则不义矣。今见与国之不亲也，越人之国而攻，可乎？其于计疏矣。"

——《史记·范雎蔡泽列传》

遗憾的是，范雎的批评没能立即修正魏冉的错误。伐齐的次年即公元前270年起，秦军又连续两年向赵国的军事要地阏与发动了进攻。只是这一回，运气不再眷顾秦人，心存侥幸的秦军在阏与遭到了赵国名将赵奢的迎头痛击：

（赵惠文王）二十九年（公元前270年），秦、韩相攻，而围阏与。赵使赵奢将，击秦，大破秦军阏与下，赐号为马服君。

——《史记·赵世家》

越人之国，远征齐、赵，显然不如步步为营，蚕食韩、魏来得扎实、稳健。正是穰侯魏冉在其执政末期错误地将进攻重点转移到齐、赵，才让魏国在连续的惨败之后获得了喘息之机。信陵君因此获得了培植羽翼的十年时间，这也是他的幕府扩张最为迅速的时期。

肆

实事求是地讲，就算信陵君愿意放低身段，礼贤下士，他也不可能仅凭这一点谦虚的政治姿态便吸引到各方豪杰迅速加盟。

因为此时的他，相比于另外几位战国公子，吸引人才的条件实在不算优越。

我们就拿赵国的平原君来和信陵君做个比较。在这十年当中，魏国因为秦国积年累月的侵略与蚕食，已经奄奄一息。而赵国却因为阏与之战等对秦战争的胜利而获得了如潮的赞誉，甚至被世人视为唯一有能力制衡秦国的东方国家，因而历史上才有赵国之强使得"四十余年而秦不能得所欲"（《战国策·赵策三》）的记载。

不但赵国的国力远胜于魏国，平原君的权势、地位也是信陵君所不能匹敌的。因为《史记·魏公子列传》说魏安釐王出于畏忌，不敢授信陵君以国政，而《平原君列传》则明确记载在赵惠文王执政时期，平原君已经登上赵国的相位了。一位是赋闲的王孙公子，另一位却是东方第一强国的当朝宰相，孰轻孰重，自是一目了然。

我之所以要进行这样的比较，并非妄揣古人，在平原君与信陵君之间虚构竞争关系。史有明文，在这一时期，不但平原君、信陵君之间，甚至战国四公子之间都在相互展开激烈的人才争夺战：

> 是时齐有孟尝，魏有信陵，楚有春申，故争相倾以待士。
>
> ——《史记·平原君虞卿列传》

自古以来，君择臣，臣亦择君。四国公子的激烈竞争导致游士对主公越来越挑剔。《史记》说，只因为平原君的宠妃无礼地嘲笑了一位蹒跚汲水的残疾人，而这种行为又受到平原君的纵容，便引发了平原君门客的集体不满，导致过半数的门客辞幕而去。在这种情况下，国力与资历都不如齐、赵、楚三国公子的信陵君要想笼络住一批文武之才，势必要另辟蹊径，就抢才标准和抢才策略做出一定的调整。

其实要理解信陵君的这种权变并不困难。为了说明这个问题，我们不妨以两位汉末枭雄曹操和袁绍组建幕府的情况来做一比拟。袁绍出身名门，四世三公；而曹操"赘阉遗丑"，比于袁氏自是相形见绌。要与袁绍竞争，曹操纳贤只能降低门槛，久而久之，便走上了"唯才是举"的道路。信陵君的条件既然比不了齐、赵、楚三国公子，他要招揽贤才，扩充幕府，就不能太"挑食"。除了那些有头有脸的贵族与士人，信陵君也不得不将搜索人才的眼光投向平民阶层。再加上魏国此时的危机远比赵国深重，形势更逼迫信陵君不得不务实地考察人才，最好来一个人就能有一个人的作用。像平原君那样花费了大把的金钱，却只招来一帮伴食的游士充充门面，这样的"豪举"信陵君只怕消受不起。

因此我们才会看到，信陵君旅居赵国之时，为了争取到毛公、薛公两位隐士的加盟，不惜混迹于赌坊酒肆。虽然这种行为

在当时被养尊处优的平原君瞧不起,却阴差阳错地成就了信陵君的身后之名:

> 高祖始微少时,数闻公子贤。及即天子位,每过大梁,常祠公子。高祖十二年,从击黥布还,为公子置守冢五家,世世岁以四时奉祠公子。
>
> ——《史记·魏公子列传》

信陵君辞世四十年后,布衣出身的刘邦因缘际会,登上了皇帝的宝座,一个平民政治家大行其道的时代到来了。而那位着意从平民中招揽贤才的信陵君正巧是刘邦发迹前的偶像,于是戏剧性的一幕在汉代史学家司马迁撰写的《史记》中出现了:战国四公子中原本最弱势的信陵君收获了司马迁最多的溢美之词,粉饰一新后被塑造为新朝代的偶像,而信陵君当年招贤纳士的艰辛与坎坷反而被淡忘在了历史的记忆之中。

春申君

壹

战国四公子中,若论身份的扑朔迷离,无如春申君者。按照一般理解,一个被称为"公子"的战国政治家该是某一国的公族成员才对。而与春申君齐名的孟尝君、平原君和信陵君这三位公子也的确分别出自齐、赵、魏三国公族。这在《史记》为他们各自所立的列传中都有明确的记载。战国四公子中唯一的例外是春申君。在《史记·春申君列传》的一开篇，司马迁是这样交代传主身份的：

> 春申君者，楚人也。名歇，姓黄氏。游学博闻，事楚顷襄王。

其他三位战国公子之所以登上政坛，都是因为与国君有血缘之亲，可到了春申君这里，司马迁却说他是凭借"游学博闻"才赢得了楚顷襄王的赏识，这自然很容易让人以为，春申君该是一个异姓的辩才游士，而非楚王的同姓亲属。对于这一点，司马迁似乎也有意要证明它，因为在接下来的行文中他又写道：

> 顷襄王以歇为辩，使于秦。秦昭王使白起攻韩、魏，败之于华阳，禽魏将芒卯。韩、魏服而事秦。秦昭王方令白起与韩、魏共伐楚。未行，而楚使黄歇适至于秦，闻秦之计。……
>
> ——《史记·春申君列传》

此后，辩才无碍的春申君成功地破坏了秦、韩、魏三国联军伐楚的计划，甚至还反客为主，与秦国结成了同盟，奠定了在楚国政坛和楚顷襄王心目中的重要地位。再联想到司马迁说春申君

"姓黄氏",于是历史学家便对春申君的真实身份产生了一种猜测:

> 春申君疑为黄国之后,《左传》所谓"汉阳诸姬,楚实尽之"。灭国以后归于楚,故称楚人。
>
> ——陈直《史记新证》

仔细推敲这种猜测,不得不说其中有些疑点。且不论司马迁为春申君出使秦国设定的那一段背景叙述存在若干史实的舛误——华阳之战发生在公元前 273 年,而应侯范雎要迟至公元前 266 年才出任秦相;这场战役的起因实是赵魏联军攻韩,秦国不过应韩国的求援而与赵、魏交兵,并非主动攻韩;至于战争的结果,则是魏将芒卯虽然败走,却也未被秦军俘获——单说春申君见秦昭王时的那一番说辞,其中就有非常明显的破绽:

> "臣闻物至则反,冬、夏是也。致至则危,累棋是也。今大国之地,遍天下,有其二垂,此从生民已来,万乘之地未尝有也。先帝文王、庄王之身,三世不忘接地于齐,以绝从亲之要。今王使盛桥守事于韩,盛桥以其地入秦。是王不用甲,不信威,而得百里之地,王可谓能矣。……"
>
> ——《史记·春申君列传》

这段疑似春申君对秦昭王的陈词,始见于《战国策·秦策四》。对陈词中所提到的"文王""庄王",东汉学者高诱解释说:

> 文王，始皇祖；庄王，始皇父，故曰"三世"。今之王，古之帝，故咸言"先帝"。
>
> ——《战国策笺证》引

"文王"与"庄王"既然分别指秦始皇的祖父秦孝文王和父亲秦庄襄王，那等于向我们证明，这篇文字应该是另一位时代晚于春申君的纵横家对秦王嬴政所作的陈词。但因为这篇陈词被司马迁收入了《史记》，并误判为春申君对秦昭王所言，故而便有后来的学者削足适履，硬改"庄王"为"武王"，以牵合秦昭王时期的史事：

> 《秦策》作"文王武王①之身三世"，此言"庄王"，误。秦无庄王。若庄襄则昭王孙也。……文、武二王未尝称帝，而曰"先帝"者，特尊称之尔。盖以昭王曾为西帝，故并呼其先为帝。然称帝即去之，在春申上书十年之前。
>
> ——《史记志疑》

虽然梁玉绳在《史记志疑》中极力申述原文应作"文王、武王"的理由，并以秦惠文王、秦武王两位执政于秦昭王之前的君主来比附陈词的内容，但原文的破绽仍是难以弥缝。因为陈词的下文中又提到"今王使盛桥守事于韩，盛桥以其地入秦"，这里

---

① 《战国策·秦策》本作"庄王"，作"武王"者，据范祥雍《战国策笺证》说，始见于南宋学者鲍彪改本。

的"盛桥"乃是秦王嬴政的弟弟,长安君盛蟜。关于这一点,连梁玉绳自己也不得不承认:

> 盛桥,《策》作"成桥"。当依《始皇纪》作"盛蟜"。庆长本标记云"始皇八年王弟长安君成蟜将军击赵,反死屯留。"然则盛蟜,始皇弟也。非昭王时也。
>
> ——《史记志疑》

可见,这篇陈词先称"文王、庄王",后称"盛桥"云云,已经确凿无疑地揭示出,司马迁将一篇秦王嬴政时期的辩士作品误归在春申君的名下。而这篇作品一旦被证明并非春申君所作,那么《史记》中关于春申君是因为游学博闻而赢得楚王青睐的说法也就失去了依据。

其实,说春申君是异姓游士,司马迁自己恐怕也没有十足的把握,因为在《史记·游侠列传》中,心存犹疑的太史公用互见法向我们透露了春申君身份的另一种可能:

> 近世延陵、孟尝、春申、平原、信陵之徒,皆因王者亲属,藉于有土卿相之富厚,招天下贤者,显名诸侯,不可谓不贤者矣。
>
> ——《史记·游侠列传》

在这里,司马迁将春申君与平原君、信陵君等几位公子等列齐观,统称为"王者亲属",照这样说来,春申君又该是楚国的公族成员了。究竟是异姓游士还是楚国公族,连司马迁都不能自坚其说,那我们该何去何从呢?倘若能够找到一位距离历史事件的发生年代较司马迁更近的人,最好是同时代的亲历者的记述,那应该是一个有力的旁证。巧的是,韩非正为我们提供了这样一条旁证:

> 楚庄王之弟春申君有爱妾曰余。
>
> ——《韩非子·奸劫弑臣》

韩非口中的"楚庄王",并非问鼎洛邑的那位春秋霸主,而是战国时代的楚顷襄王(详参钱穆《先秦诸子系年·楚顷襄王又称庄王考》)。韩非是荀卿的学生,而荀卿晚年南下楚国,又被春申君任命为楚国的兰陵令,有了这一层渊源,韩非说春申君是顷襄王的弟弟,可信度也就相对比较高了。在我看来,只有在春申君是顷襄王之弟的前提下,《史记》中记载的两件后续史实才能获得合理的解释。

其一:

> 黄歇受约归楚,楚使歇与太子完入质于秦。秦留之数年。
>
> ——《史记·春申君列传》

> (楚顷襄王)二十七年,使三万人助三晋伐燕。复与秦平,而入太子为质于秦。楚使左徒侍太子于秦。
>
> ——《史记·楚世家》

楚顷襄王二十七年（公元前272年），春申君黄歇与楚太子完前往秦国为质，以信秦、楚盟好。此番出质，春申君担任的职务是"左徒"，这是一个类似于中原诸国的"大行人"的官职（详参赵逵夫《"左徒"新考》一文）。曾经，屈原辅佐楚怀王的时候就出任过左徒。而后来太子完返国即位，成了楚考烈王，春申君又由左徒直升令尹。对这样一个重要的外交职务，楚国一般不会轻易任用外姓。钱穆在《先秦诸子系年》中说：

> 如屈原以楚宗姓，为怀王左徒之例，春申以游学博闻事顷襄王，为左徒，盖不以游士跻要职。且七国多用宗戚主政，四君并称，如信陵、平原、孟尝皆贵戚，知春申正亦以王弟当朝。太史公不得其说，以为春申必有大功奇迹，始获信任，而考实无从，因以或人之说始皇者，误以属之春申也。

其二，公元前238年，楚考烈王病危，门客朱英对楚相春申君提出了一个非常大胆的建议：

> "君相楚二十余年矣。虽名相国，实楚王也。今楚王病，旦暮且卒，而君相少主，因而代立当国，如伊尹、周公。王长而反政，不即遂南面称孤而有楚国，此所谓毋望之福也。"
>
> ——《史记·春申君列传》

朱英的建议是，一旦楚考烈王驾崩，春申君以相国之尊辅佐少主，应该仿效伊尹、周公的故事称制当国，替新君主宰国政；甚至进一步废黜新君、取而代之也未尝不可作为备选项。在战国时代，异姓大臣要废黜国君、篡权夺位是一件难以想象的事。但如果春申君原是楚顷襄王之弟、楚考烈王之叔，那么他以王族疏属的身份觊觎大位就是一件很有可能的事情了。

贰

倘若我们相信《韩非子》的记载，认为春申君乃楚顷襄王之弟的身份是可信的，那么接下来必须要解释的问题是：为什么和顷襄王骨肉相连的春申君被司马迁称作"黄歇"而非"芈歇"呢？

在探究这个问题的时候，我们或许可以参考一下齐国孟尝君的称谓。孟尝君本出自齐国公族，名为文，故称田文。但又因为他的封邑在薛，因此《战国纵横家书》等古籍上又称他作"薛公"或"薛文"。"田文"是称呼孟尝君的姓，"薛文"则是称呼孟尝君的氏。宋代学者刘恕说：

> 姓者，统其祖考之所自出；氏者，别其子孙之所自分。
>
> ——《通鉴外纪》

在先秦时期，姓只能表明一个人古早的血统渊源，而氏才能表明他当下的政治地位和贵族身份，因此时人对贵族男子往往称氏而不称姓。参考孟尝君因封于薛而称薛文，春申君叫作黄歇，似乎可说明他曾经被封于黄。但关于这一点，《史记·春申君列传》却没有一字记载。不但没有与封黄相关的记载，而且春申君的受封经历和受封原因在《史记》的记载中还显得混乱难明：

> 考烈王元年（公元前263年），以黄歇为相，封为春申君，赐淮北地十二县。
>
> 后十五岁（公元前248年），黄歇言之楚王曰："淮北地边齐，其事急，请以为郡便。"因并献淮北十二县，请封于江东，考烈王许之。春申君因城故吴墟，以自为都邑。
>
> ——《史记·春申君列传》

据上述记载，春申君在楚考烈王即位的那年才第一次正式受封，封地为淮北十二县。因为彼时的淮北并没有被称为"春申"的地方，因此司马迁的叙述很容易让人以为"春申"不是用封邑之名而是以功德为封号，比如杨宽先生所著《战国史》一书便将春申君的封号划入这种类型。但这种理解也遭到了不少人的质疑，日本学者中井积德说：

> 《吴志》云"建兴二年，有鸟见于春申"，春申之为地名决矣。
>
> ——《史记会注考证》引

如果"春申"并非描述功德,而是地名,那么这个地方又该在哪里呢?何琳仪在《楚郯陵君三器考辨》中说:

> 以春申君命名的地理称谓如"春申"、"春申江"、"春申涧"多在江南。

《史记·楚世家》也说:

> 考烈王以左徒为令尹,封以吴,号春申君。

由此看来,"春申君"该是黄歇自淮北徙封于江南之后才获得的封号。

为什么春申君要从淮北徙封江南呢?《史记》给出的理由颇有可疑之处。太史公说徙封是因为公元前248年前后齐、楚关系紧张,春申君主动提出要置换土地,将与齐接壤的淮北地转为国君直属的边郡,以加强楚国的边境防御。但是遍检史书,我们并未发现齐、楚在公元前248年前后有爆发大战的迹象。杨宽先生说:

> 燕在攻赵的同时,曾派燕将攻取齐的聊城(今山东聊城西北),燕将因有人进谗言,不敢回燕而坚守聊城,经鲁仲连写信射到城中劝说而退兵。这是公元前二五〇年的事。同时楚在灭鲁之后继续北进,进攻齐的南阳地区(泰山西南,汶水以北)。魏在灭卫之后继续东进,攻取了齐的平陆(今山东汶上北,见鲁仲连遗燕将书)……当时齐国正处于燕、

魏、楚三国进攻之中。

——《战国史》

公元前248年之前，齐国因为遭到燕、楚、魏三国的轮番攻击，实际上没有能力南下威胁楚国的淮北地。并且就齐、楚双方的攻守形势来看，楚国已经将战线前推到了泰山南麓，逼近齐长城，淮北甚至都不是齐楚交战的前线，春申君怎么可能说出"淮北地边齐，其事急，请以为郡便"的话来呢？因此我很疑心司马迁对春申君徙封江南一事的系年不准确，更有可能的徙封时间是公元前241年。因为司马迁写道，在这一年：

> 客有观津人朱英谓春申君曰："人皆以楚为强，而君用之弱。其于英不然。先君时善秦，二十年而不攻楚，何也？秦逾黾隘之塞而攻楚，不便。假道于两周，背韩、魏而攻楚，不可。今则不然。魏旦暮亡，不能爱许、鄢陵。其许魏割以与秦，秦兵去陈百六十里，臣之所观者，见秦、楚之日斗也。"楚于是去陈徙寿春，而秦徙卫野王，作置东郡。春申君由此就封于吴，行相事。

——《史记·春申君列传》

公元前241年，以楚考烈王为纵长，山东诸侯发动了战国历史上最后一次合纵伐秦之战。不过楚、赵、魏、燕、韩五国联军才前出到蕞，刚一遭遇秦军的反击即行崩溃。失败如此迅速，秦军如此强大，楚考烈王害怕了，赶紧将国都自陈县东迁到了寿春。司马迁说就是在这个时候，春申君"就封于吴，行相事"。对战国史稍有了解的人应该都能看出，这个记载存在着明显的纰漏：战国时期的贵族封君只有在失势去官的情况下才会离开国都，回到封邑，例如秦相穰侯魏冉就是在公元前283年免相之后，离开关中，前往自己的关东封邑定陶的。《史记·春申君列传》的记载显示，自楚考烈王即位直至去世，在这长达二十五年的时间里，春申君一直担任楚相，秉政于国，照理说他不可能就封于吴地。假使真的回到封邑，那便意味着春申君失掉了相权，而这同《史记》的相关记载是矛盾的。因此我怀疑《史记》所说的春申君"就封于吴"，实际上应该是"徙封于吴"——春申君在此年（公元前241年）才将自己的封邑迁到吴地，但他本人并未就封，而是留在寿春继续担任相国，执掌朝政。

如果春申君真是在公元前241年徙封于吴，那么徙封的原因就不是和齐国的战事吃紧，而是秦国的侵略日甚一日。此时，魏国已经奄奄一息，楚、秦之间再无适当的缓冲地带，陈郢就直接暴露在秦军的威胁之下，楚考烈王和春申君在那里待不住了。

至于春申君为什么要将封邑迁往远在寿春东南的苏州一带，除了拿寿春做挡箭牌的私心之外，春申君同楚考烈王的君臣关系恶化也是一个重要原因。公元前241年的五国伐秦本来是春申君力主发起的，可是联军伐秦虎头蛇尾，以一种极不光彩的方式作鸟兽散，这让楚考烈王对春申君产生了极大的不满。《史记·春申君列传》载：

> 诸侯患秦攻伐无已时，乃相与合从西伐秦，而楚王为从长，春申君用事。至函谷关，秦出兵攻，诸侯兵皆败走。楚考烈王以咎春申君，春申君以此益疏。

楚考烈王将五国伐秦的失利归咎于春申君，日益冷落他。在这种情况下，赋闲的虞卿适时建议春申君说：

> "今楚王之春秋高矣，而君之封地不可不早定也。为主君虑封者，莫如远楚。秦孝公封商君，孝公死，而后不免杀之。秦惠王封冉子，惠王死而后王夺之。公孙鞅，功臣也；冉子，亲姻也。然而不免夺死者，封近故也。"

——《战国策·楚策四》

将封邑远徙至寿春东南的吴地，春申君恐怕也是担心，万一有朝一日同楚考烈王走到翻脸的地步，自己得有条后路了。

借由上述考证，我们已厘清了黄歇徙封江南，获号"春申君"的史实。那么徙封江南之前，他的封号又是什么呢？何琳仪先生根据无锡前洲出土的三件战国青铜器铭文进行了研究，得出这样的结论：

> 春申君初封于淮北郯陵，其封号为"郯陵君"；改封江东后，其封号为"春申君"。

——《楚郯陵君三器考辨》

对黄歇徙封前后的封号变化，何琳仪先生的研究结论应该是准确的。但说黄歇"初封于淮北"，恐怕未必。因为黄歇封于淮北，时间在楚考烈王元年（公元前263年），但是早在楚顷襄王时期，黄歇就已经担任了左徒，在楚国政坛地位尊贵。作为楚顷襄王的弟弟，黄歇既然出任了左徒这等重要的职务，便不太可能仍以一个闲散公子的身份留在楚国公室之内，而他一旦与大宗分离，便当获得封邑。从"黄歇"的称谓看，春申君的初次受封恐怕应在曾经的黄国故地，所以"芈歇"就此成了"黄歇"。只不过这段历史在《史记·春申君列传》中失载，才引来了关于这位楚国公子迷离身世的纷乱猜测。

秦昭王与秦相

壹

公元前273年,也就是秦昭王三十四年,一辆马车辘辘地驰入函谷关,逶迤向咸阳而来。车上坐着的是秦国谒者王稽,他奉秦昭王的旨意出使魏国,此际正要返京复命。秦昭王命王稽出使,干什么去呢?《史记》没有说明。司马迁只在《范雎蔡泽列传》中简单地交代了一句"当此时,秦昭王使谒者王稽于魏",如此而已。据我个人猜测,王稽此行恐怕是去收地的,因为《史记·秦本纪》记载:

> (秦昭王)三十三年①,客卿胡伤攻魏卷、蔡阳、长社,取之。击芒卯华阳,破之,斩首十五万。魏入南阳以和。

---

① 笔者按:据杨宽《战国史料编年辑证》所考,当作"三十四年",《史记》误上一年。

就是在这一年,赵、魏两国联军急攻韩国华阳。韩国力不能支,向秦求救。一拨又一拨的韩国使者冠盖相望,络绎于秦。在他们的再三央求之下,秦相穰侯魏冉总算是点了头,答应派大将白起统军赴援。从开拔之日算起,白起长驱东进,八天之后同赵魏联军接战于华阳之下,一击即破,给两国造成了总计高达十五万人的战场损失。覆军杀将、黔驴技穷的魏国被迫发出割地乞和的照会,将南阳双手奉送于秦昭王的驾前。秦王钦使王稽这一趟到魏国,很可能就是去交涉南阳割让的事宜。

返程的时候,王稽是否不辱使命,带回了秦昭王渴望的南阳,不得而知。所能确定的只是,他附带捎回来一个穷困潦倒的魏国游士。这个化名"张禄"的魏国人真正的名字叫范雎。在入秦之前,他刚刚蒙受了一桩冤案,差点因此丧命:

> 须贾为魏昭王(当作"魏安釐王")使于齐,范雎从。留数月,未得报。齐襄王闻雎辩口,乃使人赐雎金十斤及牛酒,雎辞谢不敢受。须贾知之,大怒,以为雎持魏国阴事告齐,故得此馈。令雎受其牛酒,还其金。
>
> 既归,心怒雎,以告魏相。魏相,魏之诸公子,曰魏齐。魏齐大怒,使舍人笞击雎,折胁折齿。雎佯死,即卷以箦,置厕中。宾客饮者醉,更溺雎,故僇辱以惩后,令无妄言者。

——《史记·范雎蔡泽列传》

范雎本来是魏国中大夫须贾的门客。入秦之前，他曾随着须贾出使齐国。可奇怪的是，齐襄王把魏国正使须贾晾在一边，反倒赐予他的随从范雎以丰厚的财物。这让须贾勃然大怒，以为范雎私下里向齐人泄露了魏国的机密，借以中饱私囊。回到国内，他立即向魏国丞相魏齐作了报告，魏齐因此命家臣对范雎施以酷刑。把他打成重伤以后，用席子一卷，扔在厕所里，还让人轮番往范雎身上撒尿，以为羞辱和惩戒。

齐襄王为什么乖张行事，不惜破坏外交礼节也要去贿赂范雎呢？司马迁解释说，那是因为齐王仰慕范雎的名声。说实话，我并不相信这个解释。因为根据《史记》的记载，范雎家境贫寒，寂寂无闻，他原是想游说魏王，博取功名的，可苦于没有通天的门路，只好暂时屈身在须贾的矮檐底下。连本国的国王都还没修得一面之缘，范雎就能预先在邻国的国王那儿为自己揄扬声誉？这似乎于理不通。我更倾向于认为，齐襄王私贿范雎，是因为下面这件事：

> 陉山之事，赵且与秦伐齐。齐惧，令田章以阳武合于赵，而以顺子为质。赵王喜，乃案兵告于秦曰："齐以阳武赐弊邑而纳顺子，欲以解伐，敢告下吏。"
>
> 秦王使公子他之赵，谓赵王曰："齐与大国救魏而倍约，不可信恃。大国不义，以告弊邑，而赐之二社之地以奉祭祀，今又案兵，且欲合齐而受其地，非使臣之所知也。请益

甲四万，大国裁之！"

——《战国策·秦策二》

这档子被历史学家称为"陉山之事"的历史事件，根据杨宽先生《战国史料编年辑证》所考，就发生在华阳之战的同一年，起因是赵国声称两年前秦军进攻魏都大梁的时候，原本承诺了发兵援魏的齐国背信弃义，于是赵惠文王主动向秦国发出邀约，愿献二社之地于秦，换取秦军与赵国联合伐齐。指责齐国失约，很可能只是赵国发动战争的借口，赵惠文王的真实考虑恐怕是：鉴于赵国在华阳一战中损失惨重，西线战场的损失必须利用东线战场进行弥补。毕竟，此时的齐国还远未从乐毅伐齐的疮痍中恢复过来，比起强悍的西秦，齐国这个东邻是一个可欺的"软柿子"。秦军如果愿意联合行动，破齐夺地，对赵国自是有利。倘若齐国畏于声势，在开战前单独向赵国输诚乞和，那赵国不费一兵一卒，假秦国的虎威吓唬吓唬齐国就能收获割地的好处，那当然更妙。

虽然联军伐齐计划的始作俑者是赵国，但它毕竟是以"援魏"为口实做起来的，魏国当然不可能置身事外。须贾在这当口出使齐国，并且一留数月，恐怕就与齐、秦、赵三大国的明争暗斗有密切的关系。齐襄王明白，一旦开衅，那就好比"以千钧之弩决溃痈"一样，秦、赵太强，虚弱的齐国必将灰飞烟灭。国家已经走到了生死存亡的边缘，齐襄王才会放下王者的尊严，用重金向魏使须贾的门客范雎套取外交机密。

"陉山之事"是一盘只有天下最有权势的人——秦昭王、赵惠文王和齐襄王才能入席的赌局。在这张以国运为注码的赌桌上,如果因为一个魏国门客的贪财泄密而影响了胜负,那么,无论最终谁胜谁负,魏国都不免要遭到疯狂的报复。这个可怕的后果,别说中大夫须贾负担不起,连相国魏齐也负担不起。所以惊惶之余,他们二人才会下死手来惩罚范雎这个可疑的"卖国者"。十斤黄金,外加区区牛酒,就将身不由己的寒士范雎一下推向了万劫不复的深渊。他最终没有被碾成齑粉,还捡回了一条命,这已经要感谢上天的眷顾了。

贰

侥幸躲过一劫的范雎最终搭上了秦使王稽西去的马车。他为自己改名"张禄"——张大禄位。在魏国未能实现的抱负,冤枉遭受的屈辱,范雎一定要在函谷关以西的那片黄土地上统统找补回来。是什么给了范雎这么强烈的自信,让他在生死劫难之后反而更加志气昂扬?

想当年,为战国游士们倾心追慕的纵横家张仪也曾遭遇过同范雎类似的厄运。楚国令尹丢了玉璧,门人怀疑是饮宴时为张仪所盗,便抓他起来拷打,百般笞掠。张仪咬紧牙关,抵死不肯认罪。被放回家后，夫人奚落张仪道：

"唉！你要是不读书，不卖嘴，哪能有今儿个的耻辱？"

张仪并不答话。扬起下巴，张开嘴问："帮我瞧瞧，那条舌头还在吗？"

夫人笑嗔道："在！"

"那——就够了。"

就带着这条三寸不烂之舌，张仪只身入秦，并最终让他的连横政策在秦国大行其道，而那个曾经羞辱过他的楚国则不幸沦为张仪连横最大的受害者。功成名就，一雪前仇，张仪的成功恐怕也会让逃离魏国的范雎发出心驰神往的感叹：余亦遂此愿足矣！

只可惜，要重现同胞张仪的伟业，范雎面临的困难着实不小。当年的张仪曾在秦国政坛左右逢源，而如今呢，他遗下的位置上坐着一位比他更能呼风唤雨，更加一言九鼎的人物，那便是穰侯魏冉。而且非常不幸的是，穰侯魏冉对新来秦国的关东游士充满了敌意：

> 王稽辞魏去，过载范雎入秦。至湖，望见车骑从西来。范雎曰："彼来者为谁？"王稽曰："秦相穰侯东行县邑。"范雎曰："吾闻穰侯专秦权，恶内诸侯客，此恐辱我，我宁且匿车中。"有顷，穰侯果至，劳王稽，因立车而语曰："关东有何变？"曰："无有。"又谓王稽曰："谒君得无与诸侯客子俱来乎？无益，徒乱人国耳。"王稽曰："不敢。"即别去。

范雎曰："吾闻穰侯智士也，其见事迟，乡者疑车中有人，忘索之。"于是范雎下车走，曰："此必悔之。"行十余里，果使骑还索车中，无客，乃已。王稽遂与范雎入咸阳。

——《史记·范雎蔡泽列传》

范雎搭乘王稽的马车入了函谷关，才到湖城，远远地就看见官道的尽头扬起了尘土，一大队车骑伴着杂沓淋漓的马蹄声隐现于西方。范雎问王稽："来者是什么人？"

"看样子是相国穰侯往东巡行县邑，检查工作来了。"

范雎说："风闻穰侯秉政当国，最反感关东来的诸侯游士。待会儿要是跟他迎面遭遇，我恐怕免不了受一番言语羞辱，且避一避的好！"果然，穰侯遇见王稽之后便盘问他是否挟带了游士入秦，甚至径直命人搜查王稽的马车。

穰侯为什么这么讨厌关东游士？据他自己说，是因为关东游士"徒乱人国"，也就是一条长舌，专挑是非，会乱了国政。但这个理由未免不太真实。《史记》明明记载，一些对穰侯来说至关重要的工作，他还就是交给秦国客卿去负责的：

（秦昭王）三十六年（公元前271年），客卿灶（造）攻齐，取刚（纲）、寿，予穰侯。

——《史记·秦本纪》

攻取齐国的纲、寿以扩大封邑定陶，是穰侯晚年最大的心愿，而为他操办这件大事的人正是客卿造。如果关东游士"徒乱人国"，穰侯敢把这么重要的任务交代给他们吗？

穰侯此时拒纳关东游士的真正原因，恐怕还是范雎说的那句"专秦权"——为了保证自己能够继续把持秦政，穰侯不会允许朝中出现一个来自关东的强有力的政敌。从这个意义上说，穰侯的"徒乱人国"就好比唐朝奸相李林甫的"野无遗贤"，都是私心作祟，一丘之貉。

穰侯的这点私心，连外国人范雎都有耳闻，要说在朝廷里当差的王稽不知道，不通吧？但这趟出使魏国，王稽却偏要"顶风作案"，主动在魏国寻贤问能，甚至在邀请范雎入秦，遭到穰侯盘查的时候还竭力为范雎提供掩护。跟当朝相国针锋相对，王稽这是吃错了什么药呢？

范雎入秦的七年之后（即公元前266年），他终于扳倒了穰侯，成为秦国的新宰相。在上表推荐昔日恩主王稽的时候，范雎对秦昭王说：

"非王稽之忠，莫能内臣于函谷关；非大王之贤圣，莫能贵臣。今臣官至于相，爵在列侯，王稽之官尚止于谒者，非其内臣之意也。"

——《史记·范雎蔡泽列传》

七年过去了，当年的谒者王稽仍然只是个谒者。若不是穰侯被范雎取代，王稽的升迁恐怕仍会遥遥无期。从此推论，在穰侯当国的那段时间里，王稽很可能是仕途失意的边缘人——要不是这样，王稽使魏返京，穰侯也不至于一点体面都不留，派人追过去搜查他的马车。范雎拜相后，对秦昭王说"我现在官至宰相，位在列侯，王稽却未得升迁，这对不起他举荐我的初衷"，这份"初衷"，明面上自然不妨解释成为国荐贤，但私底下也很难说当年的王稽没有心存侥幸，在穷困潦倒的范雎身上做一笔长线投资的小算盘。

王稽投在范雎身上的本钱最终为他带来了回报。在范雎的力荐下，秦昭王擢升王稽为河东太守，并且特别关照，履职的头三年里他都不必接受朝廷的年度工作考核。

王稽的时来运转已是后话了。我们现在只说他刚刚把范雎领进咸阳，推荐给秦昭王的时候，其实是碰了一鼻子灰的。因为范雎托王稽转呈秦王的觐见请求是这样说的：

"秦王之国危于累卵，得臣则安。然不可以书传也。"

——《史记·范雎蔡泽列传》

在范雎入秦的公元前 273 年，穰侯魏冉和他举荐的将军白起刚刚战胜赵、魏，取得了华阳大捷。秦军的威风刮过山东，六国诸侯无不风过草偃。秦昭王正在睥睨群雄、傲视天下的得意之时，居然有个疯子跳出来说秦国危如累卵？鬼才能信得着他！在秦昭王心里，他的舅舅、秦国丞相穰侯魏冉才是最值得信赖的人。不但现在值得信赖，而且从来就这么值得他信赖。

叁

秦昭王对穰侯魏冉的信赖是从什么时候开始建立起来的呢？《史记·穰侯列传》载：

> 穰侯魏冉者，秦昭王母宣太后弟也。其先楚人，姓芈氏。
>
> 秦武王卒，无子，立其弟为昭王。昭王母故号为芈八子，及昭王即位，芈八子号为宣太后。宣太后非武王母。武王母号曰惠文后，先武王死。宣太后二弟：其异父长弟曰穰侯，姓魏氏，名冉；同父弟曰芈戎，为华阳君。而昭王同母弟曰高陵君、泾阳君。而魏冉最贤，自惠王、武王时任职用事。武王卒，诸弟争立，唯魏冉力为能立昭王。昭王即位，以冉为将军，卫咸阳。诛季君之乱，而逐武王后出之魏，昭王诸兄弟不善者皆灭之，威振秦国。昭王少，宣太后自治，任魏冉为政。

从秦昭王十二年（公元前 295 年）至秦昭王四十一年（公元前 266 年），在这长达三十年的时间里，穰侯魏冉一直牢牢占据着当朝相国、首辅大臣的位置。追溯其源头，司马迁说，这首先得归功于魏冉在秦昭王初年发生的一次名为"季君之乱"的政治危机中立下殊勋。关于这个历史事件的详情，杨宽先生在《战国

史料编年辑证》中是这样描述的:

> 秦武王卒,无子。因而王室爆发争夺君位之内乱,先后持续三年之久。是时武王母惠文后,即惠王后,与武王后支持公子壮立为君,即所谓"季君"。而昭王(即公子稷)母芈八子(即宣太后)支持昭王立为君,同时有两君并立。……惠文后与公子雍、公子壮同时被杀……《秦本纪》称"庶长壮与大臣、诸公子为逆",《穰侯列传》又谓"昭王诸兄弟不善者皆灭之"。盖昭王之异母诸兄弟多支持庶长壮为君,因而"皆灭之"。

这是一场战国秦史上罕见的分裂内乱,并且就那样毫无征兆地突然爆发了——秦昭王嬴稷的王兄,二十三岁的秦武王在与力士孟说比赛举鼎的时候突发意外,绝膑身亡。此时距离他新登大宝不过四年,年轻的武王甚至都没来得及留下子嗣,这意味着虚悬的王位不可能由他的直系后裔而只能由旁系亲属来继承。一兔走衢,万人逐之。秦武王的死迅速在诸庶弟中引爆了争夺继承权的火并,秦国政坛也因此分裂为相互敌对的两个阵营。杨宽先生对此评论说:

> 《秦本纪》称公子壮为庶长壮,盖壮时为庶长。秦之庶长常统军作战,故壮能与昭王争立。
>
> ——《战国史料编年辑证》

公子嬴稷（也就是后来的秦昭王）要想接过嫡兄秦武王的王位，他所面临的最大挑战来自公子壮。杨宽先生说，公子壮其时已经爵为庶长，很可能是一位统军作战的将军，故而能对嬴稷发起强有力的挑战。这个分析仍嫌简略，我们不妨循着杨先生的思路再做一点补充和修正。

首先，当年商鞅变法的时候曾经对秦国的宗室成员做出过军功获爵的特别规定：

> 宗室非有军功论，不得为属籍。明尊卑爵秩等级，各以差次名田宅，臣妾衣服以家次。有功者显荣，无功者虽富无所芬华。
>
> ——《史记·商君列传》

公子壮既然爵为庶长，依据军功爵制的规定，不排除他曾经立过战功的可能。

其次，据《史记·秦本纪》所载，"庶长"在秦国以往的历史上不止一次扮演过废立国君的政变策划者的角色：

> 怀公四年，庶长朝与大臣围怀公，怀公自杀。
>
> 出子二年，庶长改迎灵公之子献公于河西而立之。杀出子及其母，沈之渊旁。
>
> ——《史记·秦本纪》

大概是参照过往的这些历史经验，杨先生才会将公子壮描述为一位手握兵权的实力派人物。

但我个人以为，公子嬴稷真正的威胁恐怕不是公子壮本人。按照秦国的政治惯例，庶长的确常有统军作战的使命，但为了防止军人专权，秦制规定必须临战命将。军事行动一旦结束，将领的指挥权即行解除。因此，就算公子壮曾经立过战功，也不代表他这时候能够调动军队，夺权篡位。事实上，《史记·秦本纪》也仅仅提到公子壮"为逆"，没说过他发动兵变。

再者，从年龄上分析，刚刚驾崩的秦武王乃是先君秦惠王的嫡长子，继位的时候只有十九岁。无论公子壮还是公子嬴稷都是秦武王的庶弟。嬴稷要比秦武王小三岁，直到武王去世后的第三年他才举行冠礼，因此《史记·穰侯列传》说"昭王少，宣太后自治，任魏冉为政"——嬴稷尚未成年，只是名义上参加了新任秦王的争夺战，真正的幕后推手其实是他的母亲宣太后。至于公子壮，他的年龄或许比公子嬴稷还小。他公然僭号为王，人称"季君"——"季"往往是古人对家中最小的儿子的称呼，从这个称号看，公子壮极有可能是秦惠王的少子。这个少子之所以站出来挑战嬴稷的继承权，是因为他得到了嫡母，也就是秦惠王的正宫王后惠文后的支持。惠文后为什么支持公子壮？我注意到，《史记》仅仅提到了公子嬴稷的生母是宣太后，可没记载公子壮的生母是谁。如果公子壮的生母此时已逝，那么立他为君，嫡母惠文后仍将独享太后的尊荣。可要是公子嬴稷登上王座，他的生母宣太后势必威胁到惠文后的地位。很可能是为了固权自保，惠文后不得不推公子壮出来与嬴稷竞争。惠文后表态支持公子壮，至关重要。因为她的影响，秦惠王的大多数庶子，甚至包括秦武王的孀妻武王后都选择了站在公子壮一边来反对嬴稷。

这样一分析，我们就会明白，这场以公子壮和公子嬴稷的名义展开的王位之争，幕后其实是两宫太后——惠文后和宣太后在掰手腕。鉴于惠文后是秦惠王的正妻而宣太后只是侧室，胜负的天平一开始其实是倒向惠文后和公子壮一边的。更别提秦武王暴毙的时候公子嬴稷还远在燕国为质，要想同坐镇国内的公子壮竞逐王位，他鞭长莫及。

人在燕国、处于劣势的嬴稷最终是怎样扭转乾坤一决胜千里的呢？司马迁说，其中的关键人物就是他的舅舅魏冉。魏冉以将军的身份控制了京畿的驻军，帮助嬴稷击败了公子壮。而他之所以能够夺取兵权，司马迁的解释是，因为魏冉资历深厚，是一位自秦惠王时代就在朝廷中扮演重要角色的三朝老臣。如果我们相信司马迁的解释，很可能会因此做出如下判断：

> 魏冉在惠文王、武王时就任职用事，所以当武王诸弟争君位时，唯有魏冉权力最大，于是将芈八子所生的则立为王，是为昭襄王。……昭襄王即位后的内乱，至此告一段落，秦国军政大权实际操在魏冉手里。
>
> ——林剑鸣《秦史稿》

私以为，司马迁有可能夸大了魏冉在秦昭王继位之初的地位和影响力。

首先，对公子嬴稷来说，争夺君位的头一个困难不是攫取兵权，而是要尽快离燕返秦。在这个问题上，魏冉可帮不了他的忙。嬴稷返国夺位是仰仗了谁的帮助？《史记·赵世家》记载：

> 秦武王与孟说举龙文赤鼎，绝膑而死。赵王使代相赵固迎公子稷于燕，送归，立为秦王，是为昭王。

虽然秦武王暴卒的时候嬴稷远在燕国，可偏巧雄才大略的赵武灵王此时正在为赵国独吞中山的扩张计划展开外交布局。中山国一直仰仗齐国的支持来对抗赵国的兼并，为了制约齐国，赵武灵王需要强援。放眼天下，还有哪个国家的实力能比秦国更强？倘若能扶立一位亲赵的新秦王，建立起巩固的秦赵联盟，对赵武灵王即将实施的大计划必有帮助。有鉴于此，赵武灵王才会主动派代相赵固送嬴稷归国。

其次，如果真像林剑鸣先生所说，自平定公子壮的内乱之时起，秦国的军政大权就落到了魏冉的手里，那么在戡乱的当年，即公元前305年，魏冉就应该上位丞相了。可事实是，魏冉要迟至十年以后的公元前295年才正式拜相。掌握军政大权，却又做不了百官之首，这该怎么解释呢？不能排除在嬴稷夺位的过程中，魏冉有可能夺取了京畿驻军的指挥权，发挥过重要的作用，但他不太可能因此一跃成为秦国政坛仅次于秦王的二号人物。在

《史记·秦本纪》对秦惠王和秦武王两朝的编年记载中，都没有提到魏冉的名字，也就是说惠王、武王两朝重要的内政外交事件都没有他参与的记录。就算秦昭王即位之初，魏冉已是三朝元老，但此时的他和后来那个一言决事的穰侯还远不能相提并论。嬴稷要想压倒惠文后和公子壮，仅凭魏冉的分量是不够的，他需要一位重量级人物的支持，而这个为后世许多史家所忽略的人应该就是右丞相樗里疾。

樗里疾是秦惠王的弟弟，秦武王和秦昭王的叔叔，在秦武王去世的时候是身份最为尊贵的宗室大臣。秦武王二年（公元前309年），秦国正式设立丞相一职，樗里疾和客卿甘茂分别担任右丞相和左丞相，成为百僚之长。要知道，此时的秦国丞相还经常领军出征，集军政、民政于一身，事权之重和后来专管民政的丞相如范雎等不可同日而语。我之所以提出樗里疾才是拥立秦昭王的定鼎之臣，是因为《史记》记载，秦昭王即位后，左丞相甘茂因和宣太后的娘家人向寿在外交政策上产生尖锐矛盾而遭到排挤，被迫出逃齐国，而与此形成鲜明对比的是：

秦武王卒，昭王立，樗里子又益尊重。

——《史记·樗里子甘茂列传》

甘茂出逃后，《史记》中未见秦昭王再行命相的记载，这就意味着樗里疾从右丞相变成了"独相"，左、右两丞相的事权都归并到了他这儿，他的实际权力比在武王一朝更大了，所以司马迁说他"益尊重"。都说一朝天子一朝臣，照常理推论，新登基的秦昭王应该想方设法加强王权，限制这位前朝首辅才对，可樗里疾不但没有遭到边缘化，反而更被重用。除非他是拥立新君的大功臣，否则没有哪位新王会给予他这样的优待。樗里疾联合自己的嫂嫂宣太后将侄子嬴稷推上王位，唱的似乎是一出"辛酉政变"的戏码，而樗里疾在戏中所扮演的角色，大概就是恭亲王奕䜣。

秦昭王执政的头七年里，樗里疾独霸相权，更兼有王叔之尊。有这位宗室长者立在当朝，魏冉要想开启属于自己的时代，还需要耐心地等下去。

肆

秦昭王七年，也就是公元前300年，樗里疾去世了。但魏冉仍旧没能接任丞相，一个从东方来的政治家因为秦昭王的力邀入秦拜相，他就是名满天下的齐国公子——孟尝君。秦昭王为什么舍近求远，千里迢迢地把孟尝君请来？要理解秦昭王的苦衷，我们不得不稍微回顾一下他执政的头七年中，秦国外交政策的转变。

秦昭王继位之初，因为他的母亲宣太后出身芈姓楚族，受她的左右，秦国在外交上积极与楚亲善，两国关系迅速升温。林剑鸣评论道：

> 公元前三〇五年，秦昭王与楚怀王联姻（见《史记·六国年表》）。次年（公元前三〇四年，秦昭王三年），秦昭王与楚怀王在黄棘（河南新野东北）会盟，秦将占领楚国的上庸（湖北竹山附近）退还给楚。在以后的三年中，秦、楚两国保持着友好的关系。
>
> ——《秦史稿》

但是，秦昭王初政时的这段秦、楚蜜月外交并没维持多久。公元前302年，入秦为质的楚国太子横（即后来的楚顷襄王）与一位秦国大夫私斗，将其杀死后逃回楚国。这个突发的恶性案件导致秦楚关系迅速破裂。与楚决裂后，秦昭王立马将胞弟泾阳君派往齐国为质，与齐国结成联盟。转过年来，公元前301年，秦、齐两国联合韩、魏并力攻楚，并于次年大破楚军于重丘，杀死楚国大将唐眛。正好就在这个时候，秦国丞相樗里疾去世了。有鉴于此前齐国与韩、魏的联盟都是由大纵横家孟尝君促成的，而此次伐楚大胜，孟尝君又居功至伟，秦昭王遂动了邀请孟尝君入秦为政的心思。

秦昭王的如意算盘是：孟尝君一旦离开齐国，那么齐、韩、魏三国联盟的主心骨就算被拆掉了，而秦国呢，又将在樗里疾之后收获另一位得力的相才。可最终，孟尝君的这一趟秦国之旅却成了令他和秦昭王都不快意的经历。拜相才一年的光景，孟尝君便在鸡鸣狗盗的帮助下仓皇逃离秦国,至于他留下的秦相之位则被赵国来的楼缓填补。孟尝君的下野,从外因上分析,是因为他做秦相刺痛了赵国的神经:秦、齐结为同盟势必给赵武灵王吞并中山的计划造成巨大的阻力,因此赵武灵王不得不借着送秦昭王返国即位的旧交情,派金受和楼缓入秦运作,将孟尝君拉下马来。可是除了赵国因素外,下面这件事也值得我们玩味:

> 齐湣王二十五年,复卒使孟尝君入秦,昭王即以孟尝君为秦相。人或说秦昭王曰:"孟尝君贤,而又齐族也,今相秦,必先齐而后秦,秦其危矣。"于是秦昭王乃止。囚孟尝君,谋欲杀之。

——《史记·孟尝君列传》

这个在秦昭王面前中伤孟尝君的"某人"究竟是谁?我认为是金受或者楼缓的可能性非常小。因为进谗之人说孟尝君是齐国人,必将损秦肥齐,可金受和楼缓也是外人,设使他们二位这样泼孟尝君的脏水,难道就不怕秦昭王疑心他们损秦益赵?也就是说,要是从他们二位口中说出这番谗言,将毫无说服力。孟尝君是齐人的这个事实,早在邀请他入秦执政之前,秦昭王当然已经了解,可为什么请来了孟尝君,昭王又犯了疑心病呢?从进谗之人说话的立场来推断,他多半是秦昭王身边的体己人,否则不可能以这样的陈词滥调激起秦昭王的排外之心。而范雎曾说魏冉对关东游士抱有强烈的敌意,斥他们为乱国之人,这不禁让人心生猜疑：在秦昭王跟前中伤孟尝君的，会不会就是昭王的亲舅舅魏冉呢？如果这个猜测属实的话，那倒是充分显示了魏冉冲击秦相之位的乏力——前脚弄走了孟尝君，后脚又来了个楼缓。舅父的亲缘关系、拥立新君的功劳到底还是敌不过齐、赵两大国的外交影响力。

命运为魏冉开启的曙光是在秦昭王十二年（公元前295年）出现的。此前一年，支持楼缓入秦谋政的赵武灵王因为沙丘政变不幸殒命，赵国的军政大权落入了亲齐派政治家李兑手中。李兑上位之后，赵国的对外政策急速转向，从平衡秦、齐一变为与齐联合，扩张方向从北上复归于南下。于是一个新的使者仇液被派往秦国。不久之后，在他的运作下，楼缓黯然下野，魏冉成了秦国的新丞相。

在秦昭王长达五十六年的执政生涯当中，公元前295年是具有里程碑意义的一年。在此之前，虽然秦国的国家实力凌驾于六国之上，但它的外交影响力却似乎不如赵武灵王治下的赵国。但是，到公元前295年，赵武灵王饿死沙丘，赵国因胡服骑射改革形成的强势进取戛然而止，而秦国则从此开启了对中原六国摧枯拉朽的征服进程。公元前293年，秦国大将白起与韩魏联军大战伊阙，斩首二十四万级，一举击破了自公元前296年以来齐、韩、魏等关东诸侯对秦国的合纵围堵，迫使韩、魏重新慑服于秦军的铁蹄之下。对于那个主导联军攻陷函谷关的齐国，公元前

284年，秦国趁齐湣王吞并殷宋，激起各国不满的良机，联合韩、赵、魏、燕四国，以乐毅为将，一举击破齐军主力于济西。乐毅亲率燕军攻下齐城七十余座，而秦军则趁乱将中原最富庶的商业大都会定陶收归囊中。齐国残破，湣王已死，秦国原计划一举吞并魏国，斩断山东诸侯的纵亲之腰，可是白起的东征军却因为燕、赵两国的来援而在北林陷入苦战，未能如愿。眼见灭魏无果，秦国适时调整了主攻方向，将主力暂时调离中原战场，从公元前279年起对楚国发动了大规模进攻。仅仅一年后，白起便率领秦军攻陷郢都，楚顷襄王被迫东迁陈县，秦军东进中原腹地的侧翼威胁因此大大减小。破楚之后，秦军主力再次回师中原战场，将矛头重新对准魏国。公元前273年，也就是范雎入秦的那一年，白起大破赵魏联军于华阳之下，一雪北林之围的前耻。

魏国，齐国，楚国，眼见关东的竞争对手一个接一个轰然倒下，秦国距离一统天下的终极目标似乎越来越近了。虽然表面上看，秦国凯歌高奏全赖于武安君白起的战无不胜，但实际上，白起只是操在别人手里的一把宝刀。真正为秦国操刀制定那些征服计划的大战略家，乃是相国魏冉。对此，司马迁评论道：

> 穰侯，昭王亲舅也。而秦所以东益地，弱诸侯，尝称帝于天下，天下皆西乡稽首者，穰侯之功也！

——《史记·穰侯列传》

公元前273年，白起取得华阳大捷，相国魏冉的功业与声望也随之达到了顶峰。就是在这个时候,"不识时务"的范雎向秦昭王进言,说秦国已经危如累卵,而造成危机的罪魁祸首就是魏冉!

秦昭王当然不会在这时候相信一个关东游士的危言耸听,可是短短三年过后,范雎的预言却似乎应验了。穰侯魏冉不但褪去了继续引领秦国的魔力,更露出让人生畏的獠牙利爪。于是乎,那个被秦昭王晾了很久的范雎又被他重新请进了咸阳宫……

伍

秦昭王召见范雎,在司马迁笔下是一件写走了样的史事:

> 当是时,昭王已立三十六年。南拔楚之鄢郢,楚怀王幽死于秦。秦东破齐。湣王尝称帝,后去之。数困三晋。厌天下辩士,无所信。
>
> 穰侯,华阳君,昭王母宣太后之弟也;而泾阳君、高陵君皆昭王同母弟也。穰侯相,三人者更将,有封邑,以太后故,私家富重于王室。及穰侯为秦将,且欲越韩、魏而伐齐纲、寿,欲以广其陶封。范雎乃上书……
>
> ——《史记·范雎蔡泽列传》

据司马迁的编年,秦昭王正式召见范雎是在公元前271年。此时距离范雎抵达秦国已经一年有余。在这一年多的时间里,虽经谒者王稽鼎力推荐,范雎却始终被秦昭王冷落在一旁。至于原因,司马迁解释说是昭王"厌天下辩士,无所信"。这个"厌"字,从外在行为上看,就是秦昭王对关东游士表现出强烈的拒斥态度。但若从内在心理上分析,"厌"字似乎又不妨作"餍足"理解。也就是说,因为穰侯魏冉主政,秦国南摧劲楚,东威三晋,一破强齐,秦昭王因此志得意满。在那个时代,招揽游士共商国计往往是国君于危难之中采取的救亡图存之策,比如燕昭王黄金筑台、礼贤下士,便是为了迅速平复子之之乱造成的动荡,稳定燕国政局并伺机向齐国复仇而采取的不得已的举措。和受任于危难之际的燕昭王相比,公元前271年以前的秦昭王所身处的环境要优越得多,招揽关东游士对秦昭王而言不是必需的,更不是紧迫的工作。因此,初到秦国的范雎不识时务地向秦昭王第一次进言,大声疾呼"秦国危矣",秦昭王的回应就是冷冷地把他晾在一边,不予理睬。

可时间才过去了一年多,范雎第二次向秦昭王上书,却似乎得到了与上一次截然不同的待遇:

> 于是秦昭王大说,乃谢王稽,使以传车召范雎。于是范雎乃得见于离宫。
>
> ——《史记·范雎蔡泽列传》

司马迁说秦昭王看到范雎的第二次上书后,不但龙颜大悦,甚至还为自己在召见范雎一事上的拖延而专门向范雎的推荐人王稽表达了歉意。《史记》对秦昭王会晤范雎的记载,我个人以为很可能受到了战国策士夸述历史的负面影响,在若干细节上经不起推敲。也因此,要厘清这段历史的真相,我们所面临的困难也随之增大了。

假设真如司马迁所说,秦昭王在会晤范雎前专门向王稽致歉,那就意味着昭王对这一次召见很可能抱有极高的心理预期——他期待着从范雎这个关东游士的身上挖掘出重要的价值,那这个价值又该是什么呢?司马迁写道,在秦昭王和范雎的会晤刚入正题的时候:

> 范雎曰:"大王之国,四塞以为固,北有甘泉、谷口,南带泾、渭,右陇、蜀,左关、阪,奋击百万,战车千乘,利则出攻,不利则入守,此王者之地也。民怯于私斗而勇于公战,此王者之民也。王并此二者而有之。夫以秦卒之勇,车骑之众,以治诸侯,譬若施韩卢而搏蹇兔也,霸王之业可致也,而群臣莫当其位。至今闭关十五年,不敢窥兵于山东者,是穰侯为秦谋不忠,而大王之计有所失也。"秦王跽曰:"寡人愿闻失计。"

——《史记·范雎蔡泽列传》

范雎开宗明义,所表达的核心意思是:秦国拥有山东六国所不具备的地缘优势、制度优势和军事优势,可是这些战略性的优势却未能成功转化为秦军在东线战场的战术性胜利。至于屡遭败绩的罪魁祸首,范雎的矛头直指当朝宰相——穰侯魏冉。如果秦国的东征行动真的在这一时期遭遇了重大挫折,而宰相魏冉又无力扭转颓势,那么秦昭王渴望有人能在这个节骨眼儿上一言兴邦,自是人之常情。可问题是,司马迁为秦昭王编造的这个求贤若渴的前提并不牢靠,失真的关键就在"至今闭关十五年"一句上。清代学者钱大昕就此考论说:

> 范雎说秦,在秦昭王三十六年。是时秦用白起,破赵、魏及楚者屡矣,而穰侯方出兵攻纲、寿,安有闭关十五年之事?
>
> ——《廿二史考异》

钱大昕质疑《范雎蔡泽列传》"闭关十五年"一句记载不实,这是一个严谨而正确的判断。对此,我们还可以稍作补充。《史记》所录秦昭王与范雎的这次会晤,始见于《战国策·秦策三》,原文是这样的:

> 范雎曰:"大王之国,北有甘泉、谷口,南带泾、渭,右陇、蜀,左关、阪。战车千乘,奋击百万。以秦卒之勇,车骑之多,以当诸侯,譬若驰韩卢而逐蹇兔也,霸王之业可致。今反闭而不敢窥兵于山东者,是穰侯为国谋不忠,而大王之计有所失也。"

《战国策》所载公元前271年秦昭王因东征失利而被迫封闭

函谷关,这绝对是不实之词。事实是,"当是时,昭王已立三十六年。南拔楚之鄢郢,楚怀王幽死于秦。秦东破齐。湣王尝称帝,后去之。数困三晋"(《史记·范雎蔡泽列传》)。可是明明对秦国东征大势洞若观火,司马迁却又莫名其妙地在"闭关"之后画蛇添足地续上"十五年"三个字,这只能说明太史公本人压根儿就没弄清楚秦昭王在此时召见范雎的真正动机究竟是什么。我个人判断,秦昭王此次召见范雎的时候,不太可能抱有司马迁描述的那种求贤若渴、问计军国的积极心态。如果他真的这么重视这次会晤,那么接见范雎的地点理应安排在咸阳宫。但事实上,秦昭王只是在离宫接见了范雎。换言之,这是一次低级别的非正式会晤。

为什么在晾了范雎一年多以后,秦昭王终于松口,答应接见他了呢?在一定程度上,这的确同范雎的这次上书力争有关。在这篇上书中,范雎提到了两个关键问题。其一:

"臣闻明主立政,有功者不得不赏,有能者不得不官。劳大者其禄厚,功多者其爵尊,能治众者其官大。故无能者不敢当职焉,有能者亦不得蔽隐。使以臣之言为可,愿行而益利其道。以臣之言为不可,久留臣无为也。"

——《史记·范雎蔡泽列传》

自秦孝公用商鞅变法以来,秦国便奉法家治术为圭臬。在法家的思想当中,君主当国驭下最重要的手段是所谓"二柄",也就是赏之与罚。只有明罚信赏,建立起合理而严格的奖惩机制,才能推动国家和政府的有序运转。范雎说,自己在秦国等待一年多了,但秦昭王看过他的上一封上书后却迟迟没有一个奖惩的明确态度,这实际上违反了明罚信赏的治国精神。这番批评等于是拿秦国历代先君的家法将了昭王一军,对于任用或者辞退范雎,昭王不能再继续沉默下去,是时候得给人一个说法了。

其二,范雎说道:

"臣愿得少赐游观之间,望见颜色。一语无效,请伏斧质!"

——《史记·范雎蔡泽列传》

对自己主动申请的此次觐见,范雎声明,他没有礼仪待遇方面的要求:秦昭王不需要给他很长的接见时间,接见地点也不必在君臣议政的咸阳宫。可是这样的卑辞请求之下,范雎却语气坚定地表示为了争取到这次晤面,他愿意押上身家性命——"一语无效,请伏斧质",如果我说得不对,您连辞退都不必了,直接命人把我拖出去砍了吧!——一个关东游士甘愿为一次短暂的非正式会晤赌上身家性命,难道你不好奇他手里拿了什么注码吗?

陆

从范雎的角度看,他虽然通过这次上书争取到了觐见秦昭王的机会，但卑辞恳求之下，昭王对会晤的消极和勉为其难也就不难想见。但秦昭王毕竟还是点了头，同意接见范雎了，那他又想从范雎那儿听到些什么呢？在分析这个问题的时候，我们应该注意到，无论《战国策》还是《史记》，都提到会面正式开始前，秦昭王"屏左右，宫中虚无人"。提前清场，意味着秦昭王和范雎谈论的很可能是具有一定敏感性的话题。而司马迁又特别说，此次会面的时间正在相国穰侯发动纲、寿一战之前。接见范雎和纲、寿之战，把前后继起的这两件事联系起来，我推断秦昭王想从范雎那儿听到的恐怕就是关于穰侯和纲、寿之战的看法。纲、寿之战对秦昭王意味着什么呢？《韩非子·定法》分析道：

（秦）武王死，昭襄王即位，穰侯越韩、魏而东攻齐，五年而秦不益一尺之地，乃成其陶邑之封……故战胜则大臣尊，益地则私封立，主无术以知奸也。

此次攻取纲、寿，与穰侯魏冉以往策划的历次战役行动都有很大的不同。简单地说，那就是攻取纲、寿不是为了秦国的利益，而是为了魏冉自己的利益。纲、寿攻克之后，两地不会成为秦昭王直辖的郡县，而将被并入穰侯的封邑定陶。如果穰侯魏冉的算盘仅仅是损公肥私，借国家的军队来拓展自己的封邑，那倒也罢了，但事实上，他的野心远比这大得多！

《战国策·秦策三》载：

秦客卿造谓穰侯曰："秦封君以陶，借君天下，数年矣。

> 攻齐之事成，陶为万乘，长小国，率以朝天子，天下必听，五伯之事也；攻齐不成，陶为邻恤，而莫之据也。故攻齐之于陶也，存亡之机也。"

秦军出征纲、寿之前，受魏冉的委派担任战役指挥官的秦国客卿造向魏冉分析了此次战役的真正意义所在。他说，穰侯此时据有陶邑之封，代秦王行权天下已经数年之久。如果此次攻齐事成，陶邑之封因而扩大，那么后续魏冉应该谋划在这片封地上独立建国。陶邑一旦国家化，再通过威慑和拉拢周边的若干小国，进一步壮大实力，魏冉就有机会取代秦昭王成为号令天下的新霸主。但万一攻齐不成，陶邑孤悬山东，得不到秦国本土的有力支持，将来难免被邻国兼并。到那时，魏冉别说当不了霸主，就算想保住区区封君之位，也将非常困难。一句话，纲、寿一战，不关乎秦国的大业，却关乎魏冉和"陶国"的生死存亡。

司马迁在《史记·穰侯列传》中写道：

> 昭王三十六年，相国穰侯言客卿灶（造），欲伐齐取刚、寿，以广其陶邑。于是魏人范雎自谓张禄先生，讥穰侯之伐齐，乃越三晋以攻齐也，以此时奸说秦昭王。昭王于是用范雎。

司马迁以为，秦昭王在纲、寿之战发起之前召见范雎，双方探讨的主要是军事议题，范雎建议昭王把秦军的注意力从遥远的齐国拉回来，拳头应该落在毗邻秦国的韩、魏身上。但正如我在前文中分析的那样，攻击齐国，占领的土地将并入穰侯的封邑，助他独立建国，而攻击韩、魏，则略取的土地将并入秦国，增加秦昭王直辖的郡县数目。要从这个意义上看，秦昭王与范雎所讨论的，从根本上说就不再是一个军事议题而是一个政治议题，议题的核心不是如何调整秦军的战略进攻方向，而是怎样维护国家统一，预防权臣分裂。

在秦昭王与范雎屏人私语的时候，范雎特别向秦昭王提到了这样一桩旧事：

> "夫穰侯越韩、魏而攻齐纲、寿，非计也。……且昔齐湣王南攻楚，破军杀将，再辟地千里，而齐尺寸之地无得焉者，岂不欲得地哉，形势不能有也。诸侯见齐之罢弊，君臣之不和也，兴兵而伐齐，大破之。士辱兵顿，皆咎其王，曰：'谁为此计者乎？'王曰：'文子为之。'大臣作乱，文子出走。故齐所以大破者，以其伐楚而肥韩、魏也。此所谓借贼兵而赍盗粮者也。王不如远交而近攻，得寸则王之寸也，得尺亦王之尺也。今释此而远攻，不亦缪乎！"
>
> ——《史记·范雎蔡泽列传》

范雎口中的"文子"就是齐国公子孟尝君田文。孟尝君在齐湣王时期出任齐国丞相，主持合纵外交，后来遭到湣王的排挤，被迫出走魏国。正是他的居中联络最终促成了秦、赵、燕、魏、韩五国伐齐之事。齐湣王兵败济西，出逃以死，而孟尝君则借机在封邑薛城宣布独立建国。如今的穰侯魏冉就像孟尝君的翻版，他的封邑定陶也正跃跃欲试，要从秦国这个母体中独立出去。范雎告诉秦昭王，要阻止魏冉分裂秦国，就必须远交近攻。因为只有这样，才能确保秦军新征服的所有土地都牢牢地控制在秦昭王的手里而不会被魏冉私吞。

范雎敢冒着引颈就戮的危险觐见秦昭王，他手中最重要的筹码就是这个"远交近攻"的安邦之策。但此时的秦昭王对穰侯魏冉的警惕恐怕还嫌不足，他还没彻底看清，自公元前281年获封陶邑以来，从前那个忠诚谋国的舅父魏冉已经变质，不复可信了。因此，范雎"远交近攻"的重要建议并没有及时获得秦昭王的采纳，结果是纲、寿仍被魏冉收入私囊。直到两年后，违背"远交近攻"原则的秦军在阏与和几邑频遭败绩，屡为赵军所破，秦昭王方才如梦初醒，拧着魏冉的劲儿，掉过头来攻取魏国的邢丘和怀邑。而这时，历史的时针已经走到了公元前266年，距离秦昭王和范雎的那一次会晤，整整过去了五年。

柒

虽然在接见并最终任用范雎这件事情上，秦昭王表现出的见事迟缓令人遗憾，但这个关东游士的到来将矫正秦国日益扭曲的政治生态却似乎是注定的。就在范雎入秦的公元前273年，秦昭王还沉浸在华阳大捷的喜悦之中，他可能并不知道，秦军本来还有机会贾其余勇，一举攻克大梁，但是魏国中大夫须贾对秦相魏冉的这番说辞却让占领大梁的计划流了产：

  "夫轻背楚、赵之兵，陵七仞之城，战三十万之众，而志必举之，臣以为自天地始分以至于今，未尝有者也。攻而不拔，秦兵必罢，陶邑必亡，则前功必弃矣。……且君之得地，岂必以兵哉？割晋国，秦兵不攻而魏必效绛、安邑，又为陶开两道，几尽故宋，卫必效单父。秦兵可全而君制之，何索而不得？何为而不成？愿君熟虑之而无行危。"

——《史记·穰侯列传》

须贾警告魏冉，如果秦国进攻大梁的决心无可挽回，那么面临生死考验的魏国誓将动员全国的武装力量——至少一百个县，总计不下三十万兵力，与秦国展开一场惨烈的首都保卫战。万一秦军失利，魏国的后续反扑一定会威胁到魏冉的封邑定陶。为定陶的安危计，须贾建议魏冉取消进攻大梁的作战行动，作为回报，魏国将向秦国献出绛县和安邑。如此一来，定陶与秦国本土的联系可望得到加强，防务安全也会更有保障。

须贾的这番说辞最终奏效了，因为他牢牢地抓住了魏冉最核心的利益关切——如果说此前的二十年里，魏冉是站在秦相的立场上为秦国霸业忠心谋划，那么现在，他显然更乐意把自己想象成未来将要建立的陶国的国家元首，为他的"亲儿子"定陶争取更多的好处，无论这样做是否会伤害到他曾经效忠的秦国。

相国的私欲膨胀对秦昭王来说无异于患生肘腋，它的威胁远远超过了山东六国的羸兵庸将。可螳螂捕蝉，黄雀在后。魏冉猫在秦昭王的眼皮子底下偷偷挖秦国的墙脚，他自己却被身后一人死死地盯上了，那个人就是范雎。魏冉在进攻大梁之前与魏国搞秘密外交，负责与他接洽的魏国使臣是中大夫须贾。巧的是，范雎这个来自魏国的游士，入秦之前正是须贾的门客，并且他还是因为枉受了须贾的猜忌才被迫逃来秦国的。自入秦伊始，范雎就一再上书秦昭王，提醒他秦国危如累卵，并将危害国家的祸首归于魏冉。一个逃死流亡的外国人胆敢这样紧咬当朝相国不放，如果说他对魏冉同须贾的秘密交易一无所知，很难想象他哪来这样的底气。

自公元前 269 年开始，秦军在阏与、几邑接连遭遇赵奢、廉颇的阻击。这两场失利不仅在魏冉的秦相生涯中写下了罕见的败笔，也动摇了秦昭王对他的信心。痛定思痛的秦昭王终于接纳了范雎远交近攻的建议，将秦军的攻击重点转回到韩、魏这两个孱弱的邻国身上，并顺利地从魏国手中夺取了怀邑和邢丘。秦军重振声威，东征渐有起色，秦昭王对范雎的信赖也随之越来越深。眼见时机成熟，范雎终于向失势的魏冉射出了致命的一箭。他又一次申请了与秦昭王的密谈。在这次秘密谈话中，范雎对秦昭王发出了最严重的预警：

> "今臣闻秦太后、穰侯用事，高陵、华阳、泾阳佐之，卒无秦王，此亦淖齿、李兑之类也。且夫三代所以亡国者，君专授政，纵酒驰骋弋猎，不听政事。其所授者，妒贤嫉能，御下蔽上，以成其私。不为主计而主不觉悟，故失其国。今自有秩以上至诸大吏，下及王左右，无非相国之人者。见王独立于朝，臣窃为王恐，万世之后，有秦国者非王子孙也。"
>
> ——《史记·范雎蔡泽列传》

范雎告诫昭王，相国魏冉在朝中遍插眼线，孤立君上。如果任其发展，社稷将有倾覆篡夺之忧。

魏冉做了将近三十年的辅相，门生故吏遍布朝野，更兼此时阴谋在定陶独立建国，他对秦昭王的确已经构成了严重的威胁。但我们也不能过分高估魏冉的政治能量，误认为此时的他已有压倒秦昭王的能力和趋势。纵观商鞅变法之后的秦国历史，这个国家的君权基础非常牢固，制度保障也相对完善，其中的关键就是秦国武装力量的指挥权一直稳稳地掌握在国君的手中。依据秦制，凡属征发或调动军队，征调文书须盖玉玺为据，发兵使臣须凭虎符为验，被征调的部队必须持节，否则各处关隘要道不得通关放行。在这个玺、符、节三位一体的严格制度中，起关键作用的一环便是虎符。存世的新郪虎符铭文载：

> 凡兴士被甲，用兵五十人以上，必会王符，乃敢行之。

燔燧事，虽毋会符，行殴。

通常情况下，调动五十人以上的军队，就必须要会合虎符。对军事指挥权的严厉管制最大限度地降低了权臣造乱的风险。在秦昭王的曾孙秦王嬴政当国的时候，朝中也曾出了权奸——嬴政之母赵太后的姘夫长信侯嫪毐，其擅权之烈比穰侯魏冉有过之而无不及，《史记·秦始皇本纪》甚至说当时的秦廷"事无大小皆决于毒"。可就是这样一个炙手可热的权臣称兵作乱，嬴政只经过了一场小规模的战斗，斩首数百，就把他给灭了。其中的真正原因，就在于嫪毐虽然伪造了秦王与太后的玉玺，却拿不到虎符，因此不能大规模调动兵力。魏冉虽然在秦昭王身边遍植私党，但只要他撼不动这个玺、符、节三位一体的兵权制度，就没办法公然与秦昭王争夺最高权力。事实上，魏冉阴谋在定陶建国而不选择径直颠覆秦国，已经从反面印证了秦国相权无力与王权抗衡的事实。

对秦昭王与魏冉的实力比较，范雎心里一定有本明账，否则他不敢傍着昭王，攻击魏冉。但即便魏冉颠覆不了秦昭王，范雎说"臣窃为王恐万世之后，有秦国者非王子孙也"，仍然不是一句无的放矢的空话。因为就在这一年，《史记·秦本纪》中赫然记载：

（秦昭王）四十年，悼太子死魏，归葬芷阳。

秦昭王的太子为什么会死在魏国？杨宽先生在《战国史料编

年辑证》中分析道：

> 悼太子出质于魏，当在范雎推行远交近攻政策之前。范雎欲远交齐、楚而近攻韩、魏，则不必出质子于魏。悼太子之出质，当在魏冉当权而欲合韩、魏以攻齐之时。

所谓"魏冉当权而欲合韩、魏以攻齐之时"，具体地说，应该是指秦昭王三十六年（公元前271年）客卿造率军攻击齐国纲、寿，为魏冉扩大封邑的时候。魏冉为了联合魏军夺取纲、寿，不惜以秦昭王太子质魏。结果呢，纲、寿被魏冉收入私囊，秦昭王太子却死在了异国。是可忍，孰不可忍！

另一个对魏冉极为不利的消息是，公元前265年，也就是秦昭王四十二年的岁首，宣太后去世了。这意味着外戚魏冉与秦昭王之间的姻亲纽带遽然断裂。失去了宣太后的荫蔽，魏冉在当年岁末黯然下野，空缺的丞相职务则由秦昭王钦点范雎接任。正当人们怀着对未来的不可知的恐惧审视这位秦国新丞相的时候，秦昭王和他治下的秦国却悄然走入了一个崭新的纪元。

对秦昭王长达半个多世纪的执政生涯，乃至对整部战国秦史来说，这一次宰相人选的更迭都具有里程碑式的重要意义。因为它标志着秦国的丞相制度就此做出了重大的调整。

秦国从何时起开始设相？这是一个略微有些争议的问题。《史记·秦本纪》载：

> （秦武王）二年，初置丞相，樗里疾、甘茂为左右丞相。

司马迁既有上述明文记载，林剑鸣先生的《秦史稿》便依据这个记载认定秦国设相始于公元前 309 年。可还是这部《史记》，《张仪列传》却又记载道：

> 秦惠王十年，使公子华与张仪围蒲阳，降之。仪因言秦复与魏，而使公子繇质于魏。仪因说魏王曰："秦王之遇魏甚厚，魏不可以无礼。"魏因入上郡、少梁，谢秦惠王。惠王乃以张仪为相，更名少梁曰夏阳。仪相秦四岁，立惠王为王。

要照张仪的履历看，秦国应该早在武王之父秦惠王时期就已经设相了。所以杨宽先生的《战国史》即据此认定秦国的首任丞相该是张仪，而非樗里疾与甘茂。

我个人更倾向于认为，秦国正式设立丞相一职是在秦武王二年，也就是公元前 309 年。那《史记·张仪列传》记载的履历又怎么说呢？这其实是《史记》书法不谨所导致的误解。《史记·张仪列传》的开篇写道：

> 张仪已学而游说诸侯。尝从楚相饮，已而楚相亡璧，门下意张仪。

众所周知，战国时代的楚国自始至终没有设立过丞相这个职位，所谓"楚相"指的该是令尹。从这个称谓习惯看，在《史记》的历史叙述中，只要这个人所担任的职务有类似于丞相的功能，太史公便随世俗之称，呼之为"相"。照此推论，所谓张仪拜相，只好理解为张仪在秦惠王身边实际发挥了丞相的作用，但不等于秦惠王正式授予过他丞相的职务。

无论是张仪这样没名分的丞相，还是樗里疾、甘茂、魏冉这样有名分的丞相，这些早期的秦国丞相都有一个共同的特点：关于他们统军出征的记载在《史记》中比比皆是。这意味着秦国不但在战国七雄中设相偏晚，而且文武官职的分化也相对滞后。丞相既要统管民政，又要兼管军政，权力太重，因此容易造成相权与君权的摩擦。可自从魏冉下野、范雎拜相之后，历史记载中就很难见到秦国丞相披甲出征了，这说明秦国丞相的文官化从此取得了重大的进展。

不但丞相逐渐退化为一个纯粹的文官职位，秦昭王对选相的范围也做出了适当的调整。从前秦国选相其实是三途并用——既有甘茂之流的客卿，也有樗里疾这类的公族，还有魏冉等外戚，但是从范雎开始，公族与外戚逐渐退出了备选丞相的行列，秦国选相表现出越来越强的专任客卿的趋势。要知道，此时的山东六国还普遍流行用公族为相的风气——孟尝君为齐相，魏齐为魏相，春申君为楚相，平原君为赵相……公族拜相的最大弊病是，丞相既与国君有血缘之亲，一旦专权擅政，便极难根除，甚至不排除颠覆君权、取而代之的可能。《史记·春申君列传》中就曾明确记载，春申君的门人朱英曾在楚考烈王病危之际公然建议春申君废黜嗣君，自立为楚王。反观客卿，因为自外国来，在朝中素无根基，要挑战王权，阴谋篡弑，可能性较之公族和外戚大大降低。范雎取代魏冉后，也曾一度权焰熏天，但秦昭王用燕人蔡泽取而代之，也不过就是下一纸诏书的事。

　　不但如此，任用公族，意味着选相范围不出君王的血亲；任用外戚，又跳入了姻亲的小圈子：无论甲乙，都是任人唯亲，表现出传统世袭贵族政治的狭隘与偏颇。在魏冉把持相权的那些年里，秦国对山东游士的敌视和排斥正表现出了这样的锢闭倾向。专任客卿之后，秦国政坛的风气焕然一新，它开始面向天下，选贤任能。开放的官僚体系和竞争机制更有利于贤者脱颖而出，秦国的官僚政治相比于山东六国的贵族政治的制度优势，在公元前260年爆发的长平之战中体现得淋漓尽致。专任诸赵的赵孝成王在平原君的蛊惑下贪心作祟，冒险接受上党，而秦昭王则因为丞相范雎的帮助，屡出奇计，成功地击溃了赵国这个最强劲的对手。

　　回想六年前那一纸罢黜魏冉的诏书，秦昭王无疑经历过壮士断腕的痛苦，但阵痛之后的秦国却迎来了励精图治的崭新时代，统一天下的曙光已经点亮在了东方的地平线上。

秦始皇

壹

公元前221年,也就是秦王嬴政执政的第二十六个年头,广袤的华夏大地上第一次出现了由唯一的国家元首宰制中国版图的盛况。在此前十年的统一战争中,秦军的铁蹄以摧枯拉朽之势使山东六国的社稷碎成一地瓦砾。如今疆域东至大海、西极临洮、北据河套、南抵五岭的秦朝,比之从前偏安关中的秦国,大了十倍都不止。

在短短十年中打下这么大一片江山,要采用什么样的制度才能对它进行有效的管理呢?在始皇帝召开的御前会议上,丞相王绾与廷尉李斯就这个问题爆发了激烈的辩论。

作为朝廷的首辅,王绾并没有被统一战争的迅速胜利冲昏头脑。相反,这位老成持重的政治家以冷静的口吻提醒年轻的始皇帝:帝国新占领的原燕国、齐国和楚国的领土,距离首都咸阳太远,帝国的政治中心对这些新占领区的辐射能力有限,除非及时克服这一难题,否则整个帝国将不可能如臂使指般地掌握在皇帝陛下的手中。

如何加强秦帝国对新占领区的管理?作为问题的提出者,王绾为始皇帝贡献的解决方案是:既然咸阳这个单一政治中心的辐射能力不足,那么就应该建立多个新的政治中心,扩散行政辐射效力,而达成这一目的的方法就是封建:将始皇帝的儿子们分封到各地为王,由他们代表始皇帝实施对新占领区的统治。

鉴于首辅大臣的崇高地位与威望,王绾的这个建议获得了大臣们的群起附和,除了一个冷眼旁观的例外:廷尉李斯。就在王绾的这番高论博得满堂喝彩的时候,李斯却不顾彼此的地位悬殊,愤而陈词,对王绾的建议展开了激烈的抨击。

李斯指出,周朝自开国以来便实施的分封制有一个原生性的致命缺陷:天子和诸侯之间以血缘纽带建立起来的亲密联系必将随着王侯世袭而逐渐疏远。到子孙们形同陌路之时,刀兵相向的噩梦就开始了。一旦潘多拉的魔盒开启,天子不但无法禁止诸侯之间相互残杀,甚至能否保全自己都将成疑。因此,只有郡县制才是唯一合理的国体制度。

对这场廷辩,司马迁在《史记·秦始皇本纪》中只是简略地记载了王绾与李斯的观点,并告诉了我们廷辩的最终结果。但这场仅有寥寥数笔记录的辩论实则具有非比寻常的意义。它不但开启了此后十四年间秦朝国祚的勃兴与速朽，而且预示了自汉高祖至汉武帝时期中国国家体制和行政管理方式的发展方向。

要理解这场曾经决定中国历史命运的廷辩是非常困难的，因为"封建制""郡县制"对今天的我们来说，是"最熟悉的陌生词汇"。

在我们的思维惯性中，只要是皇帝统治下的中国历史时期，就一律贴个标签叫"封建"，它意味着抱残守缺，其外延之广，已被滥用成习。而"郡县制"在我们的观念中则是专制政体开始的标志，一些人甚至将之简单地理解为"独裁"，将秦始皇视为"独裁政治"的开创者——这实在是令人遗憾的误读。

现在，为了还原司马迁笔下这段真实的秦朝史，就让我们的故事从"封建制"和"郡县制"开始吧。

贰

在那场讨论秦朝国体问题的御前会议上，主张封建制的王绾官拜丞相，位极人臣，且有大批臣僚随声附和，但为什么他的意见却最终没能敌过人微言轻、独持异议的李斯呢？

在回答这个问题之前，我们应当首先了解的是，国体必须植根于国家的政治传统之中。一个标新立异的体制横空出世般地嫁接到原来的国家结构中，必将因为强烈的排异反应而枯死。

秦朝选择的郡县制，是跟秦人的历史传统一脉相承的。

中国历史上最早设立"县"这一级行政机构应在春秋。各诸侯国之所以要设县，直接目的是加强对新占领区的管辖能力。比如，在今天我们已知的楚国十七县中，有七个是灭掉毗邻的小国后设立的，其余十个是利用边境上的别都或者小国的旧都改建而成，没有一个县设在楚国的腹地。从这个特点看，设县作为巩固占领的军事后继措施的意味相当明显。

秦国设县的历史甚至早于同样具有蛮夷底色的楚国。春秋时期秦国设县的最早记载出现在秦武公十年（公元前688年）。司马迁在《史记·秦本纪》中写道，这一年，秦国向"邽、冀戎"即今甘肃天水一带的少数民族部落发动进攻，在占领这些地区之后，随即设立了邽县、冀县。次年，秦武公又在之前讨伐西夷亳王时所夺取的领土上设置了杜县与郑县。从这些记载看，秦国早期设县的军事色彩非常浓。到公元前350年，推行变法改革的商鞅将秦国的邦畿之地整合为三十一县，县遂由原来的边境军事重镇演变为普遍的行政组织。

作为县的上一级行政管理机构，郡的产生同样是战争催生的结果。

当时间从春秋进入战国之后，诸侯国之间的战争愈发频繁，规模也日益扩大，由从前偶尔数万人加入的战斗演变为动辄数十万人的血腥厮杀。在新的军事斗争形势下，原来承担边防职能的县因为所辖兵力、物力有限，已不能有效应对敌国的大规模进攻。紧张的边防形势呼唤着一种能够在较大地区范围内集中若干县的兵力、物力并且统一调度的新型防御性组织，于是郡便应运而生了。战国时诸侯国所设置的郡往往是并县而成，郡治则设于防御形势关键、地理交通便利的县。

秦国在一统天下的过程当中，设郡是随着版图的扩大而不断向新占领区推进的。而在这个过程当中，许多熟悉秦法的军人就地转为地方官吏，保证了秦国对新设郡县的统治能力。

与郡县在疆域拓展与边境防御中发挥的巨大作用不同，秦人的封建，在秦朝建立之前的很长一段时间内已经不具有地方行政管理的能力与价值了。被封赐采邑的秦国贵族仅仅享有征收赋税的经济权力，无权干预地方行政，更不能调动军队。最能说明这个问题的例子是：在秦王嬴政即位的第九年（公元前238年），嬴政之母赵姬的情人——长信侯嫪毐发动了叛乱，可是这个权倾朝野的奸臣即便在自己的封国太原也休想调动一兵一卒。像这样的封建诸侯，对加强地方控制又能有多大作用呢？

王绾与李斯展开辩论的那次御前会议，议题是如何加强秦朝对新占领区尤其是偏远的新占领区的管理。从秦国建国以来开疆拓土的历史经验去分析，这个问题的答案只能是郡县制！

王绾封建诸侯的建议看上去更像是对西周建国的东施效颦。这反映出秦朝短短十年的极速扩张让部分朝廷重臣有点措手不及——

从来没经手过这么大的家业,不晓得要怎么才能打理得过来,于是才有了王绾这番荒腔走板的封建之说。幸运的是,李斯的慷慨陈词为秦朝的未来划定了方向。

叁

在秦朝的国体问题上,李斯显然是遵循法家先贤商鞅的思路给秦始皇提出的建议:就像商鞅当年把用于边境防御的县制移植到邦畿之地那样,统一后的秦朝应该用战争岁月中行之有效的郡县制覆盖整个疆域,以军事管制的形式迅速建立起地方的郡县两级政府,稳固帝国的统治基石。

从今天的角度来重新评价李斯的这个建议,我们应当承认,这是一个非常伟大的建国思想。在秦朝之前,中国大地上建立的所谓国家,都是以部落联盟形式组织起来的松散联合体,被推为天下共主的天子实际控制的王畿不过千里,至于远近各诸侯国,或朝或否,天子并没有绝对的权威来约束他们。如果任由这种趋势发展下去,今天的世界地图上或许不会出现一个统一的中国,而是另一个碎片化的欧洲。正是秦始皇与李斯共同制定的以三十六郡覆盖全疆域的行政规划终结了这种碎片化的政治局面,奠定了后世中国的基本版图。从这个意义上说,秦始皇是中国历史上当之无愧的千古一帝。

对嬴政而言，以郡县制终结诸侯割据的数百年战乱，开创统一而和平的历史新局是他最为自负的政治资本。因此，他自信功德超越了三皇五帝，"始皇帝"的称号自己是当之无愧的。

但是，当志得意满的秦始皇专注于将整个中国社会纳入一个严密而完备的行政管理体制的时候，他却忽略了另一个至关重要的问题：国家不仅仅是冰冷的政治机器，同时也是思想包容与凝聚的产物。如果不能让天下人都真心地认同这个统一的国家，那在貌合神离之下，三十六郡的整齐疆域随时会有分崩离析的隐忧。事实上，被秦始皇和李斯瞧不起的西周封建，在这一点上却贡献了极其宝贵的历史经验。封建对西周王朝来说是一种开疆拓土的有效措施，但它的实施精神绝不只有军事征服，同时还有文化上的归化与融合。

西周所封建的诸侯主要是两类。

其一是姬姓宗室或外姓姻亲。对周天子的这些亲戚，如果我们仔细去扒一扒他们的历史就会发现，其中不少诸侯的先祖原本是夷狄。从《史记·周本纪》的记载看，与西周联姻最早的夷狄部落是姜戎。西周先祖古公亶父的妻子太姜就是姜戎女子，嫁到西周后生下了少子季历。季历正是周文王姬昌的父亲。因为与西周历世的联姻关系，到了武王伐纣的时候，姜戎的领袖太公姜尚已然是周武王身边最得力的臂助了。西周取得天下之后，对姜戎投桃报李，分封了四大姜姓诸侯——齐国、许国、申国与吕国，姜戎的归化过程遂告结束。不但姬姓宗室与夷狄直接联姻，西周的这种联姻手段还有辐射扩散的效应。秦人的先祖就是在这种扩散效应下归附西周的。根据《史记·秦本纪》的记载，周天子曾经两次安排自己的姻亲申国与秦人先祖胥轩和大骆联姻，并借助这层关系驯服秦人，使其成为周朝的西疆藩篱。

其二是被征服国的遗民，最典型的便是殷商。鉴于与殷商的敌对关系，西周在征服它的过程中非常注重按照双方共同认可的政治伦理和道德原则行事。在孟津观兵之后苦苦等待了两年之久，周朝才最终发起灭商战役，就是要等到祭器奔周的契机：对尚鬼的殷人来说，失去祭器便意味着被天抛弃，在这种情况下臣服于祭器的新主人，殷人才有真心归化的可能。更何况在灭商之后，为了表示自己只是遵从天命而非野蛮征服，西周并没有灭掉殷商的社稷。前有三监，后有殷宋，殷人在西周始终都有属于自己的诸侯国。

当西周凭借血缘与道义构建起宏大的封建体系之后，周公又制定了一系列亲亲尊尊的礼义规范和宗法制度来教化诸侯。当这套礼义规范经过长期的潜移默化最终融入各诸侯国的血脉时，一个从文化上区别于夷狄的"中国"的观念便树立起来了。也正因为如此，当西周覆灭，天子权削，中原受到异族侵扰的时候，各诸侯国才会主动团结在"尊王攘夷"的旗帜下共御外侮。

相对于以军事手段整合国家版图，以文化手段整合国家观念的过程要更缓慢，更艰辛，更复杂。从这个角度去看，秦朝的伟大源于政治建国的成功，而秦朝的灭亡则要归咎于文化建国的失败。

肆

秦朝之所以最终没能完成文化建国的任务，秦人淡薄的礼乐传统实在难辞其咎。出身夷狄又长期与西戎杂居，秦人对流行于中原政治圈的这套周朝礼义素无信仰。当年商鞅入秦，与秦孝公讨论变法路线的时候，一开始以周朝信奉的王道游说孝公，向他展示普施仁义、怀柔天下的远景，听得秦孝公昏昏欲睡。秦孝公向商鞅抱怨说："你讲的这套玩意儿见效太慢，我可等不了。一个大有作为的国君应该只争朝夕，赶在有生之年扬名天下，谁能为了一个百年之后的远景而苦苦等待！"

商鞅去后，秦孝公余怒未消，叫来举荐商鞅的景监，劈头盖脸给他一顿训斥："你的这个门客满口胡言，要他有啥用？"

望着一脸委屈的景监，冷眼旁观的商鞅算是看明白了：秦国的政治逻辑是论势不论理，靠一双拳头在戎狄聚居的西方一步步打出名堂来的老秦人只相信弱肉强食的丛林法则。相比于三分天下有其二而服侍于殷的周文王，灭国十二、开地千里的秦穆公才是秦国历代君主仰望的偶像。于是商鞅转而投其所好，将耕战强国的变法策略进献给秦孝公,果然获得他的欣然认同。可得到了秦孝公首肯的商鞅却意味深长地说道:"用此强国之术,秦国亦难比德于殷、周矣。"

秦御天下,施暴而不施惠;天下奉秦,畏威而不怀德。

秦军的长剑可以横扫六国的社稷,却难以消融六国遗民心中对征服者的敌视。到秦始皇渴望天下人都能真心拥戴他为共主的时候,他才隐隐觉察到自己的麻烦来了。

《史记·封禅书》中说,自古以来上承天命、君临万方的帝王无一例外都要在泰山举行封禅典礼以证明统治的合法性。因此,当公元前219年秦始皇东巡齐鲁的时候,专程来到泰山。他召集了七十位鲁国的儒生来襄助盛举,希望他们为自己设计一场风光体面的封禅大典。但是在恪守周公遗教的鲁国儒生们看来,秦始皇的这个要求就跟春秋时期企图问鼎中原的楚庄王一样荒唐。

公元前608年,楚庄王芈侣以勤王的名义率军讨伐陆浑戎,兵锋直抵洛水,并在王畿近郊举行军演以示威风。身在洛邑的周定王被迫安排王孙满前去犒军。有坚甲利兵壮胆的楚庄王问王孙满:"传说中的大禹九鼎有多重啊?"王孙满轻描淡写地说:"天子的权威在德不在鼎。"

或许是被这个王室后生的傲慢激怒,楚庄王训斥他道:"你觉得我不够资格问鼎吗?老实告诉你,只要把楚军长戟上的钩喙都掰下来，就够铸成九鼎的了！"王孙满哂笑道："我得提醒您一句，从前大禹王铸此九鼎，可是受到九州方伯的共同拥戴，由天下四方贡金而成。自夏代以至本朝，只有受命于天的有德之君才配拥有九鼎。当年我先君成王定鼎于郏鄏，卜世三十，卜年七百，这是上天对周的眷顾。你就真的折钩重铸，那也不是恩威天下的九鼎，而是茹毛饮血的铜锅！"

听完这番话的楚庄王这才明白，中原政治的逻辑可不全是谁拳头硬谁说了算的。

当年那个问鼎中原的楚王死了，现在又来了个闹着要封禅泰山的秦帝，估计鲁国的七十儒生听到秦始皇的要求，那啼笑皆非的复杂心情同王孙满差强仿佛。遥想当年，齐桓公在管仲的辅佐之下举起尊王攘夷的义旗，九合诸侯，一匡天下，连孔子都称赞"微管仲，吾其披发左衽矣！"，功业如此，尚不敢封禅泰山。秦始皇虽然诛灭六国，一统天下，但按照正统的中原礼义来看，他的政治水平比起周武王可差远了：周武王是在白鱼入船、祭器奔周的天命启示下讨伐殷纣的，而且纣王死后武王还保留了商人的封国，这一切都是为了向天下表明武王伐纣是代天行诛。而秦灭六国呢？在统一刚刚完成的时候，始皇帝就发布了这样一道诏书：

"异日韩王纳地效玺，请为藩臣。已而倍约，与赵、魏合从（纵）畔秦，故兴兵诛之，虏其王。寡人以为善，庶几息兵革。赵王使其相李牧来约盟，故归其质子。已而倍盟，反我太原。故兴兵诛之,得其王。……寡人以眇眇之身,兴兵诛暴乱。赖宗庙之灵,六王咸伏其辜,天下大定。

——《史记·秦始皇本纪》

在这道历数六国罪孽,宣示秦并天下的正义性的诏书中,我们能看到的六国之罪只有一条,就是不愿意向秦国臣服——你不服从,我就揍你,典型的强盗逻辑。更何况秦始皇消灭六国之后,把六国的美人、钟鼓统统搜刮到咸阳来,这是明白无误地告诉世人,他要把天下变成嬴氏的私产。这样的君王又怎么称得上有德之君,又怎么够得上封禅泰山的资格呢?

可是面对着手握生杀之权的始皇帝,儒生们也明白强行谏阻无异于螳臂当车,那该怎么办呢?想当年齐桓公要封禅泰山,管仲摆事实讲道理,磨破了嘴皮子都劝他不住,只好骗他说:

"古之封禅,鄗上之黍,北里之禾,所以为盛;江淮之间,一茅三脊,所以为借也。东海致比目之鱼,西海致比翼之鸟,然后物有不召而自至者十有五焉。今凤皇麒麟不来,嘉谷不生,而蓬蒿藜莠茂,鸱枭数至,而欲封禅,毋乃不可乎?"于是桓公乃止。

——《史记·封禅书》

现在秦始皇的自负与固执远甚于齐桓公,儒生们只好祭出管仲的故智,说了一大堆封禅所需的烦琐礼仪,希望秦始皇能知难而退。没想到秦始皇一个不耐烦,把儒生们晾在一旁,命臣下伐山开路,自己上泰山顶封禅去了。

封禅典礼最终是完成了,但并不是按照秦始皇预想的那样完成的。他原本憧憬天下臣民会在泰山脚下山呼万岁,向他这位新任的受命之君表示拥戴,然而这场封禅最终却变成了他一个人的独角戏。在泰山顶上焚柴祭天的那一刻,或许连秦始皇自己都感到恍惚:他究竟是众望所归的皇帝,还是众叛亲离的独夫?

当秦始皇从泰山上下来的时候,一场突如其来的暴雨将他淋成了落汤鸡。儒生们私下里说:这是上天对暴秦的惩罚。秦始皇的文化建国之梦,从这一刻起便注定要落空了。

伍

从公元前220年第一次出巡算起,短短几年的时间里,秦始皇走遍了大半个秦帝国的疆域。每到一处,往往刻石立碑,宣扬秦朝带给东方百姓的恩泽:是秦朝结束了春秋以来诸侯纷争的乱局,带给天下百姓以永久的和平与安宁。他对自己创立的大一统郡县制国家相当满意,而随行的臣僚们也一致对始皇帝的制度创新表示称赞:

"古之五帝三王,知教不同,法度不明,假威鬼神,以欺远方,实不称名,故不久长。其身未殁,诸侯倍叛,法令不行。今皇帝并一海内,以为郡县。天下和平,昭明宗庙,体道行德，尊号大成。群臣相与诵皇帝功德，刻于金石，以为表经。"

——《史记·秦始皇本纪》

秦始皇陶醉在这一片歌功颂德声中，直到公元前 213 年的一次偶然事件才将他从迷梦中惊醒。这一年，秦始皇在咸阳宫举行了盛大的宴会。宴会上，仆射周青臣又开始不失时机地歌颂秦始皇郡县制大一统的功德了。就在大臣们纷纷颔首称是的时候，一个名叫淳于越的齐国博士却站出来唱起了反调：

"臣闻殷周之王千余岁，封子弟功臣，自为枝辅。今陛下有海内，而子弟为匹夫，卒有田常、六卿之臣，无辅拂（弼），何以相救哉？事不师古而能长久者，非所闻也。"

——《史记·秦始皇本纪》

淳于越像当年的宰相王绾一样，又提出了封建诸侯的必要性。但这一次由他引发的国体争论却与上一次王绾、李斯的廷辩大不相同。上一次王绾与李斯的廷辩纯属政见分歧，无论坚持封建制或者郡县制，王绾与李斯的初衷都是加强秦朝对新占领地区的控制力。但这一次，淳于越却说："事不师古而能长久者，非所闻也。"

毛泽东曾经说过，秦始皇是个厚今薄古的专家。意思是在国体问题上，秦始皇没有屈服于中原华夏固有的分封制传统，而坚持采用由非主流文化圈的秦国创制的郡县制。淳于越要抨击秦始皇的，正是这一点！淳于越说，要想长久地统治中国，秦人必须对西周以来中原文明的固有传统表示臣服，而臣服的标志就是放弃郡县制，采用封建制。这是秦始皇万万不能接受的。因为一旦接受，那就意味着在地理上是秦国征服了中原，但在文化上，是中原征服了秦国！

当秦始皇就淳于越的这番陈词向李斯征求意见的时候，李斯立刻就意识到了问题的严重性。就历史的规律而言，学术与思想权力的转移往往会滞后于政治权力的转移，在淳于越提出秦不师古的议题时，秦始皇和李斯面临的尴尬就是：舆论的主导权掌握在以儒家学派为代表的山东六国学者手中，他们对六国遗民的影响力远大于秦朝官吏。这些儒生在泰山封禅的时候已经表现出与秦朝政府的离心离德，现在抛出秦不师古的话题更是对当朝政治的公然批判。该怎么办？

经过反复权衡，秦始皇与李斯做出了一个被后世诟病千载的决定：焚书。关于焚书令的具体内容，司马迁是这样记载的：

> 史官非秦记皆烧之，非博士官所职，天下敢有藏《诗》、《书》、百家语者，悉诣守尉杂烧之。有敢偶语《诗》、《书》者，弃市。以古非今者，族。吏见知不举者，与同罪。令下三十日不烧，黥为城旦。所不去者，医药、卜筮、种树之书。若欲有学法令，以吏为师。
>
> ——《史记·秦始皇本纪》

所谓焚书，并不是要把天下所有的典籍统统烧掉。这个法令针对的主要是两类著作。首先是山东六国的国史。华夏文明的传统讲究国可亡而史不可灭，史书所承担的是兴亡继绝的使命。只要我们还记得自己从何而来，那我们就一定能沿着祖先的脚步在瓦砾灰烬之上再造社稷。从这个角度观察，秦始皇的焚书令要焚烧的其实是六国遗民对故国的归属感。其次，焚书令要求将民间的诸子学派著作尤其是以六经为代表的儒家典籍全部焚毁，但典藏在博士官衙署的图籍不在焚毁之列，这对于左右舆论的儒家学者们来说是釜底抽薪的毒计。

自儒家先圣孔子提出"有教无类"的口号以来，儒学一直以私人办学的方式传播于民间，也由此成为春秋战国时期最具影响力的私家学派。现在将民间流传的六经典籍焚毁，等于用行政命令的方式阻断了儒学在民间继续传播的渠道。即便秦朝政府顾忌到博士儒生们的社会影响力，暂时还不敢直接对他们动手，但铲掉民间办学之后，七十博士也只不过是无根的飘萍而已！而铲除儒学之后留下的学术思想真空，将由熟悉秦朝法律的官吏迅速填补。

换言之，如果焚书令贯彻到底的话，坚持封建制等西周礼义传统的儒家学派在民间的影响力将被灌输郡县制的秦朝官吏完全取代。因此，从政治上说，焚书令是以政治威权抢夺舆论主导权的行动；从文化上说，则是蛮夷思维对华夏礼义的粗暴践踏。

颁布焚书令之后，秦始皇对儒生们的挑衅犹有余恨。为了向他们证明自己比儒家经典中传颂的西周文王和武王更加伟大，他特意选择在文王的故都丰邑和武王的故都镐京之间的区域兴建了空前壮丽的阿房宫，以宣示自己无可争辩的绝对权威。但是，这种以政治威权强奸社会舆论的野蛮手段不但没有让秦始皇收获支持，反而让更多人离心离德。

陆

在焚书事件之后，秦始皇实际上已经放弃了从文化上争取六国遗民认同的努力。当他在公元前210年最后一次踏上出巡的旅程时，他的目的已经从宣扬秦朝的恩泽、凝聚山东百姓的人心转变为显示秦朝的权威，震慑潜在的敌人。这时的秦朝已经走到了土崩瓦解的前夜。它虽然仍维持着表面的统一，但山东的六国遗民却在亡国的记忆与酷吏的奴役下积聚着对秦人的仇恨，整个中国社会就像涌动着岩浆的火山，随时都有喷发的可能。而让它真正喷发的契机说来就来了。

当秦始皇东巡走到沙丘的时候，他病倒了。秦始皇病倒，对脆弱的秦朝统治无异于致命一击。在秦始皇安然无恙的时候，因为他的绝对权威，文武大臣们仍能在他的治下齐心协力，维持稳定。虽然山东六国的遗民对秦朝统治并不服气，但是秦人铁骑横扫山东的记忆让谁也不敢轻易尝试造反。

秦始皇去世之后，局面便急转直下。继位的秦二世胡亥本来就是矫诏登基，对宗室公子的猜疑迅速引发了萧墙之祸。至于他最重要的辅臣赵高，则因为资历太浅，指挥不动始皇帝留下的元老重臣。为了巩固权力，培植党羽，胡亥向李斯、蒙恬等一众文武大臣发起打击，这些朝廷栋梁的先后去世大大削弱了秦朝的统治力量。

愚蠢的内斗造成的最致命的影响便是军队战斗力的衰退。秦二世在刚刚继位的时候便发布命令，征调五万步军（材官）扩充京师卫戍部队，实际掌控这支军队的人很可能就是赵高，因为他将自己的女婿阎乐任命为咸阳令，最后带兵进入望夷宫杀死秦二世的正是此人。组建新军，意味着秦二世对始皇帝留下的旧军旧将不信任，再加上此前矫诏赐死北方秦军统帅蒙恬，让他最终失去了军队的支持。因此，当反秦起义的部队在周章和刘邦的带领下两度攻入关中，南下桂林、南海、象郡的秦军始终未见回师勤王，而驻守北方的长城军团也在王离的率领下渐渐丧失了恐怖的战斗力，终被项羽击破于巨鹿城下。原本六国遗民对秦朝的武力还心存忌惮，现在老秦人已经自废武功，反秦起义的战火便迅速燃遍了秦朝的国土。

当帝都咸阳被项羽的怒火付之一炬，秦襄公以下三十一代秦国君主苦心经营的江山社稷终于被埋入了历史的灰烬。唯一幸存到今天的，只有躺在骊山大墓之中的那个孤家寡人。

陈涉世家

壹

公元前209年,也就是秦二世胡亥登基的元年,九百名由各地征发而来的戍卒聚集在蕲县大泽乡。时间已是七月,夏末秋初的淮域洋洋洒洒下起了竟天的大雨,这片水网纵横的地方顷刻间便成泽国。困在泥淖之中的戍卒五内焦煎,他们的戍地还远在千里之外的渔阳,而肆虐的洪水又冲决了他们北行的道路。洪水如虎,横在前路,可他们不敢回头,因为身后那些负责押解的官吏正瞪着豺狼一样的眼睛盯着他们呢。一旦不能在朝廷规定的期限内抵达渔阳,他们连骨头都会被冷酷的秦吏咬得粉碎。而不幸的是,此时此刻,他们的行程已经被大雨延误了!

数月之后,从关东来的使者向安坐在咸阳城里的秦二世报告说,一帮楚地流民带头起来造朝廷的反了!迷信于先皇余威的秦二世不相信这群泥腿子胆儿这么肥,敢向始皇帝遗下的秦法和秦军发起挑战，误以妖言惑众之罪将忠心的使者下了大狱。可转到第二年冬天，那九百个早该被埋进万人坑里化作白骨的冤魂居然摇身一变，变成一支规模几十万的义军，冲破函谷天险，直抵咸阳以东的戏下。告急文书传入宫中，讳疾忌医的秦二世方才如梦初醒。他终于相信了这是事实：在他这个二世皇帝之外，还有一个名叫陈胜的人已经在洛阳以东的陈县建号称王，要争做天下的共主，而这个"新王"原不过是那九百戍卒中的一介贱民而已。

陈胜吴广起义的历史记载最早见于司马迁所著的《史记》。照理说，陈胜起事与史迁撰书的时间相去不过百年，《史记·陈涉世家》几乎可以算作司马迁笔下的一篇"当代史"。但这篇当代史却给后人留下了许多至今仍无法解决的疑问与争论。

《陈涉世家》一开篇，司马迁便写道：

> 陈胜者，阳城人也，字涉。

根据三国史学家韦昭的注释，陈涉的故乡阳城坐落在秦朝的颍川郡，具体地说，就在今天河南省登封市的东南面。在战国的历史上，这里最早是郑国的领土。韩国吞郑，此地又被并入韩国的版图。直至秦昭王五十一年（公元前256年），秦国大将嬴摎攻韩，陷阳城，斩首四万，这里遂被纳入秦的统治。如果陈胜出生在颍川阳城的话，那他应该是一个故韩国的遗民。

可在《史记》中，无论是陈胜本人抑或与他敌对的秦朝政府，乃至《史记》的作者司马迁，都一致认定陈胜是楚人。《陈涉世家》中记载，陈胜称王之后，曾经与他一同佣耕的少时故交前来拜访：

> 入宫，见殿屋帷帐，客曰："夥颐，涉之为王沈沈者！"楚人谓"多"为"夥"，故天下传之，"夥涉为王"，由陈涉始。

司马迁用极其生动的文笔忠实地记录了这位故友的感慨，同时也向我们展示了这样一个事实：陈涉的故友说的是一口楚语，那么与他少时相交的陈胜自然也该是楚人。

陈胜首事反秦之后，义军蜂起割据，豪杰各为其主。纵观这些秦末乱世的风云人物，张良为韩，田儋为齐，周市为魏，项羽为楚，多数人的政治立场都不会背离覆亡的故国而另投他方。首倡义举的陈胜在酝酿起义之初，便设计"篝火狐鸣"，流言"大楚兴，陈胜王"，攻克陈县之后，更是建号"张楚"，宣示天下将以张大楚国为己任，这些都说明陈胜的内心是以楚人自命的。

这个"楚人"的身份不是陈胜自说自话，同时也与秦朝官方的口径相一致。大泽乡起义的消息传入咸阳，奸臣赵高在秦二世面前径呼陈胜为"楚盗"（见《史记·李斯列传》），便从敌对的一面印证了陈胜的地域归属。至于司马迁，他在《史记·太史公自序》中说"秦既暴虐，楚人发难"，而《秦楚之际月表》又说"初作难，发于陈涉"，两相比勘，发难的"陈涉"显然就是"楚人"。这一连串的文献证据不断强化着陈胜作为"楚人"的身份特征，可这个特征越是清晰，它和颍川阳城这个陈胜故里的矛盾也就越是刺眼。

更让人对陈胜出自颍川阳城生疑的是：作为这一次被秦朝征发的戍卒，陈胜戍边的目的地乃在渔阳（今北京市东北部密云区境内）。假设他是颍川阳城人，从家乡起程以后，为了避免秦法的严厉惩罚，不至于延误行程，陈胜应该径投东北才对，为什么南辕北辙，现身于颍川东南数百里的蕲县大泽乡呢？

因为这两个无法解释的疑问，颍川阳城为陈胜故里的说法逐渐遭到越来越多的质疑。而后来人要在广袤的中国大地上另寻陈胜的故乡，也就必须首先满足这样两个关键条件：其一，找到另一个叫作阳城的地方，这个地方曾为楚地；其二，绘制陈胜远戍的路线图，解释陈胜是怎样从故乡来到蕲县大泽乡的。由此出发，种种不同的猜测与歧说逐渐浮出水面。

贰

《史记·陈涉世家》载：

> 二世元年（公元前209年）七月，发闾左谪戍渔阳。九百人屯大泽乡。陈胜、吴广皆次当行，为屯长。

从《史记》的这段记载看，包括陈胜在内的九百名戍卒是以"谪戍"（带有行政处罚性质的徭戍）的名义集结在大泽乡的，而之所以谪戍陈胜，则是因为他的身份为"闾左"。这样一推导，我们就会发现：要寻觅陈胜的里籍究竟在哪里，要解释他为什么从家乡来到蕲县大泽乡，"闾左"就成了一个必须要破译的"密码"。可破译这个"密码"的难度不小，因为"闾左"见于具体的历史事件，遍阅传世文献，仅得《陈涉世家》中这一个孤例。这意味着"谪戍闾左"很可能是只有秦朝才实施过的徭役征发制度。鉴于秦朝覆亡过快，后世又未承袭谪戍闾左之制，所以即便是与秦相近的汉朝史学家司马迁、班固谈起"闾左"，也总是语焉不详，似乎对它的确切含义不甚了了。

即便如此，后世研究者也没有放弃破译"闾左"的努力。在已经出现的众多研究成果当中，对今天的史学界影响最大、引用频率也最高的要算卢南乔先生于1978年发表在《历史研究》上的《"闾左"辨疑》一文。在这篇研究论文中，卢先生是这样解释"闾左"的：

> "闾左"是何等样的人，为什么在谪发之列呢？我们知道，晁错、应劭说到秦时"七科之谪"，都提出了"闾左"，而《史记·大宛列传》注张晏说"七科之谪"，却是"吏有罪，一；亡命，二；赘婿，三；贾人，四；故有市籍，五；父母有市籍，六；大父母有市籍，七；凡七科。"两者对照一下，有六科全同，只有一科不同，此为"闾左"，彼为"亡命"。……

《史记》说"陈涉少时,尝与人佣耕。二世元年七月,发闾左,陈涉、吴广以次当行"。少时佣耕,表明这时不是佣耕,而是以"闾左"名义"谪戍"渔阳,换言之,就是以"尝亡命"名义"谪戍"渔阳。(中略)由佣耕而亡命,这个过程极其自然,陈涉正是身雁亡命之"罪",名列"闾左"之人,而被谪戍的。

《史记·大宛列传》载,汉武帝太初二年(公元前103年),因贰师将军李广利征伐大宛兵力不济,汉武帝下令将七类人纳入谪戍之列(即"七科谪"),增援大宛前线。根据张晏的注释,这七类人分别是:有罪官吏;亡命(逃籍者);赘婿;商人;有过从商经历的人;父母曾经从商者;祖父母曾经从商者。《汉书·晁错传》又记载,晁错在进呈汉文帝的《守备边塞疏》中提到了秦朝曾经实行过类似西汉"七科谪"的谪戍制度:

"秦之戍卒不能其水土,戍者死于边,输者偾于道。秦民见行,如往弃市,因以谪发之,名曰"谪戍"。先发吏有谪及赘婿、贾人,后以尝有市籍者,又后以大父母、父母尝有市籍者,后入闾,取其左。发之不顺,行者深怨,有背畔之心。"

——《汉书·爰盎晁错传》

此《疏》中所言被纳入秦朝谪戍征发之列的是这七类人:有罪官吏;赘婿;商人;有过从商经历的人;父母曾经从商者;祖

父母曾经从商者；闾左。

对比西汉时期的"七科谪"制度，秦朝谪戍的七类人群中有六类与汉代"七科谪"相重叠，唯一不同的一类，汉代称"亡命"，而秦朝称"闾左"。通过这个比勘，卢先生推定秦朝的所谓"闾左"就是汉代的"亡命"。亡命本是脱离原有户籍而逃亡的人。如果陈胜曾经逃籍，那就不难解释这个原籍颍川阳城的戍卒为何会以楚人的面目出现在故乡东南七百里开外的蕲县大泽乡：他一定是逃籍之后迁居楚地，然后在大泽乡被秦朝政府强征远戍的。

正是以这篇《"闾左"辨疑》为基础，部分学者提出陈胜应是原籍河南，迁居安徽，更有激进者径直将陈胜的故里指为安徽宿州。

可以我浅薄的见解来看，迁居安徽说乃至落籍宿州说的证据基础并不牢靠。卢南乔先生的那篇《"闾左"辨疑》用文献比勘的方法论证"闾左"即"亡命"，貌似严谨，其实胶柱鼓瑟，并没有真正理解秦、汉两朝谪戍制度的政策制定原理，因而也就无法透析"闾左"与"亡命"不可等同的原因。

其实，无论是秦朝还是汉朝的"七科谪"，谪戍的人群都不是自始至终一成不变的，而是呈现出一个逐渐扩大的趋势。所谓"七科"指的应是征发戍卒的极限范围。我们只要找出谪戍的初始范围和它的扩大原因，就会发现"闾左"绝无可能是"亡命"。

那么，秦、汉两朝最先遭到谪戍的是哪些人呢？我认为，应该包括四类。顾名思义，谪戍就是带有行政处罚色彩的徭戍，因此犯罪的官员在张晏和晁错罗列的"七科"当中都首当其冲，是合情合理的。犯官之后第二批应该谪戍的就轮到"亡命"和"赘婿"了，之所以将他们并列，是因为这两类人对国家有相似的危害。

在古代中国，国家是以户籍管理制度为手段来掌握人力资源，征收赋税、摊派徭役的。如果一个人逃离户籍，便意味着逸出了政府的掌控，得以逃避赋税、徭役等法定义务。对"亡命"这类逃避国家责任的"游民"处以谪戍，是维护公共权力和社会稳定的必然措施。"亡命"如果是"游民"的话，那"赘婿"便是"隐民"。什么是"赘婿"呢？清代学者钱大昕解释道：

> 赘子犹今之典身，立有年限取赎者，去奴婢尽一间耳。秦人子壮出赘……其赘而不赎，主家以女匹之，则谓之赘婿，故当时贱之。
>
> ——《潜研堂文集》

赘婿的由来，起初是平民将子嗣抵押给豪族，到期之后如果无力为之赎身，那么这个儿子就会沦为主家的奴隶，主家以婢女为之婚配，主仆间形成紧密的人身依附关系，这类贱役便被称为"赘婿"。赘婿和亡命一样，都会造成国家人力资源的流失，因为沦为奴隶之后，他就不可能再是从事耕战的国家公民，而变成了豪族的私役。遥想春秋晚期，鲁国"三桓"、晋国"六卿"以及齐国田氏，这些世卿豪族之所以能倾覆公室，予取予求，一个很重要的手段就是把公室控制的公民转为卿族控制的隐民。

鉴于前代的覆辙，商鞅在秦孝公时主持变法改革，特意为此订立了两条制度：一是有两个及其以上成年子嗣的家庭如果不及时分家，要加倍征收赋税；二是宗室非有军功论，不得为属籍。这两条措施的基本精神正是要隔绝普通农户与封建领主之间的人身依附关系，创造出更多独立的小农家庭，以扩大政府征用人力、征收赋税的来源。从这个角度去看待赘婿行为，它实际上是在开历史的倒车——主动放弃自耕农的独立身份，重建与豪族领主的依附关系，所以无论是秦朝还是承袭秦制的汉朝都会对这类人施以惩罚。

至于谪戍的第四类人——商民为什么被纳入行政处罚的范围，我们也可以从创造小农家庭、维护小农经济的角度去求得解释。对脆弱的小农经济来说，最大的威胁无外乎两样，一是封建领主的势力压迫，二是富商巨贾的肆意盘剥。农民受到商贾的剥削，离弃农村，另寻轻便有利的生活方式，如果任由这样的趋势愈演愈烈，那耕战立国的基本国策还如何推行？将商民纳入谪戍之列，正是重农抑商、打压商民的手段之一。

犯官、亡命、赘婿和商民，以上这四类人群应该是秦、汉谪戍制度最初所针对的行政相对人。因为这四类人会在不同程度上侵蚀国家的权力基础，造成社会混乱，所以才会把他们纳入谪戍这类行政处罚的范围之内。《史记·秦始皇本纪》载：

> （秦始皇）三十三年，发诸尝逋亡人、赘婿、贾人略取陆梁地。

公元前 214 年，秦始皇谪戍逃籍者、赘婿和商民前往边地，这应该是谪戍范围尚未扩大前的常态。那谪戍的范围后来为什么扩大了呢？这多半是由于国家的兵源紧张和财政困难造成的。以秦朝为例，到秦始皇末年，秦朝驻守北方长城沿线的常备兵力在三十万人左右；南下略取桂林、南海和象郡又派出了五十万人；至于工程浩繁的骊山大墓和阿房宫，所需劳力在七十万人上下。除此之外，还有修建秦直道等其他徭役。以此推算，秦朝服役的人口总数估计高达两百万人，而此时全国的总人口也不过两千万人，恨不能十人当中就得有一人服役，光靠征发犯官、赘婿、逃籍者和商民显然不敷所用，于是谪戍的范围便被扩大了。之所以不使用正常的徭戍而要以谪戍的名义将更多的无辜者纳入其中，是因为谪戍本为处罚，是无偿戍边，戍守者在戍边期间不但不享受军功爵制的优待，而且谪戍期也不能冲抵他本应服的徭役。换言之，只有扩大谪戍而非徭戍范围，才能最大限度地降低政府征用人力的成本。于是我们看到，那些只是曾为商民的人，甚至是父、祖辈做过商民的人，只因为个人经历、血缘关系这样荒唐的名目便被枉施谪戍之罚，这哪里还是正常的行政处罚？明明是欲加之罪，何患无辞！所以晁错说"发之不顺，行者深怨，有背畔之心"。

汉武帝在太初二年实施的"七科谪"实际上就是沿着秦朝的故辙在前进。当时的具体情况是,贰师将军李广利在一年前率领属国骑兵六千、郡国恶少年数万人远征大宛,沿途遭遇西域各邦坚壁清野的抵抗,推进非常艰难。李广利向汉武帝报告,以兵少道远为辞,请求朝廷增派援军,再议攻取之计。不幸到了太初二年夏天,浚稽将军赵破奴又为匈奴所败,覆亡两万骑兵。对大宛和匈奴的两线失利让汉朝的兵力捉襟见肘,朝廷大臣多数主张放弃进攻大宛,专力应对危险的匈奴,但汉武帝担心撤回李广利的远征军将极大地折损汉朝在西域各国的威信,同时也将使他获取大宛良马的计划化为泡影,于是粗暴地压制了朝中的反对意见,以"七科谪"的方式竭泽而渔,增发戍卒前往援助李广利,而结果则是"天下骚然"(《史记·大宛列传》)。

政府就算竭泽而渔,也不可能毫无限度地滥用民力。总有这么一个临界点,一旦超过,不堪重负的百姓便会激而生变。而秦朝跨过这个临界点的标志,在晁错看来正是"征闾左"。汉武帝的"七科谪"将谪戍范围扩大到祖父母曾为商民者为止,已经是走到悬崖边上了,所以晚年他颁下《轮台罪己诏》,检讨自己好大喜功、横征暴敛的过失,将西汉政治重新带回"禁苛暴、力本农"的正确轨道。可覆亡的秦朝却走向了与汉武帝相反的极端,在谪戍祖父母曾为商民者之后,再度扩大征发范围,将"闾左"

纳入其中。何为"闾左"？简单地说就是闾里平民。因为秦俗尚右，以为闾里之左，居之不祥，豪富人家自然不肯居住，只能委屈弱势的平民在此栖身了。当谪戍制度已经泛滥到随意征用闾里平民的程度，秦朝赖以立国的经济基础——小农经济必将崩溃。陈胜原先就是一个为人佣耕的贫雇农，他被秦朝政府以谪戍的名义征集到大泽乡，并不是真的犯了逃籍或者别的什么罪行，而恰恰是秦朝政府横征暴敛作的孽。因此以"闾左"的身份来推断陈胜曾经有过逃亡经历，迁居于安徽，是站不住脚的。

叁

公元前209年，陈胜、吴广斩木为兵，在泗水郡蕲县的草泽中迸出的那一丝火星，短短数月间便延烧成遍地狼烟。蜂拥而起的义军一面像泥石流那样裹挟平民，反秦抗暴，一面也在攻城略地的扩张中相互绞杀，相互吞噬。最终能够从逐鹿群雄中脱颖而出者，往往是那些带有鲜明地域性特征的政治军事集团：项梁、项羽久客吴中，便部勒江东子弟以为最初的反秦骨干；沛公刘邦崛起淮泗，丰沛功臣集团自始至终被他倚为股肱；至于田儋，他号令三齐、逐鹿中原的资本几乎都来自田齐故地。项羽王楚，刘邦王蜀，田儋王齐，都有各自倚重的乡土势力。那最早在陈县建号称王的那个陈胜呢？他举义的中坚又会是何方人物？

一说到这个问题,我们自然会联想到最初与陈胜在大泽乡起事的九百戍卒。这九百人来自哪里呢?以马道魁先生为首的部分研究者相信这九百人中的大多数都来自地处安徽淮北的泗水郡:

> 从陈胜起义军队的骨干成员的籍贯来看,义军初起时的许多骨干都是安徽淮北地区的人,如符离(今安徽省宿县符离镇)葛婴、朱鸡石,铚(今安徽濉溪县临涣集)人伍徐、宋留、董䄂等。这从另一个侧面证明了九百戍卒是在安徽淮北地区泗水郡一带征发的。(中略)从九百戍卒征发的范围来看,不可能是由数郡征发集中,而是来自泗水郡南部地区。
>
> ——《陈胜里籍与"张楚"国号辨正》

九百戍卒尽出泗水,这个结论的依据是《史记·陈涉世家》中的这段记载:

> 陈王初立时,陵人秦嘉、铚人董䄂、符离人朱鸡石、取虑人郑布、徐人丁疾等皆特起,将兵围东海守庆于郯。陈王闻,乃使武平君畔为将军,监郯下军。秦嘉不受命,嘉自立为大司马,恶属武平君。告军吏曰:"武平君年少不知兵事,勿听。"因矫以王命,杀武平君畔。

可仔细推敲这段记载,我们就会发现,司马迁提到的秦嘉等人其实并非陈胜的部属,更谈不上是大泽乡起义的元老。因为司

马迁说这些泗水英雄举兵反秦都是"特起",什么是"特起"?这个词可能包含两方面的意思。其一是指新起,《史记·项羽本纪》:

> 少年欲立婴便为王,异军苍头特起。

此处的"特起",司马贞《史记索隐》引如淳的注释说:"特起犹言新起也。"那秦嘉等人"新起"反秦又是什么时候的事呢?司马迁说是"陈王初立"之时。如果这个"初立"指的是陈胜在大泽乡起义、自立为将军的时候,那此时秦嘉等人根本就不在大泽乡。大泽乡在秦朝的泗水郡,秦嘉等人却在与泗水为邻的东海郡围攻郯城。如果说这个"初立"是指陈胜攻克陈县、初立为王的时候,那这时才"新起"的秦嘉等人参加革命的时间可就要晚于陈胜了。无论以上述哪个时间来理解,秦嘉等泗水英雄都不具备参加大泽乡起义的可能性。

其二,"特"除了解释为"新"之外,在古文中也可以训释为"单独"。所谓"特起",它的另一层意思可能是指秦嘉等人举兵攻郯是独立于陈胜起义之外的军事行动,双方原没有上下级的统属关系。陈胜听说秦嘉攻郯的消息后,曾向郯城派遣一位监军,试图将攻郯义军编入自己麾下,可秦嘉拒绝接受监军的节制,还把他给杀了。这更证明了陈胜原本就不是秦嘉的上司。

陈胜企图遥控郯下义军,可那些义军将领却不买他的账,这表明陈胜在泗水郡并无人望。对这一点,陈胜自己应该是心知肚明的。大泽乡起义成功后,陈胜第一时间做出了这样的安排:

> 攻大泽乡，收而攻蕲。蕲下，乃令符离人葛婴将兵徇蕲以东。攻铚、酂、苦、柘、谯，皆下之。行收兵。比至陈，车六七百乘，骑千余，卒数万人。
>
> ——《史记·陈涉世家》

攻克大泽乡乃至蕲县之后，陈胜随即命令义军兵分两路。一路向东略地，最终抵达了位于九江郡的东城（今安徽省定远县东南），指挥官是泗水郡符离县人葛婴；另一路则在陈胜的亲自率领下向西攻击，连克铚、酂、苦、柘、谯等县城后，最终进入陈县，并在此建号"张楚"，陈胜称王。有意思的是，这时东征的葛婴也扶立了一位楚王：

> 葛婴至东城，立襄强为楚王。婴后闻陈王已立，因杀襄强，还报。至陈，陈王诛杀葛婴。
>
> ——《史记·陈涉世家》

葛婴立襄强为楚王，等于公开和陈胜打对台，争夺反秦起义的主导权。虽然他后来失败被杀，但以秦嘉为首的郯下义军还继续与陈胜为难：

> 秦嘉等闻陈王军破出走，乃立景驹为楚王，引兵之方与，欲击秦军定陶下。
>
> ——《史记·陈涉世家》

大泽乡起义的次年（公元前 208 年），秦军在少府章邯的率领下东出函谷,所向披靡,陈胜被迫撤出了建号称王的大本营陈县。他刚一败退,那个曾经在郯下反对陈胜监军的秦嘉就拥立景驹为新楚王,接过葛婴的遗志,继续跟陈胜打对台。两番拥立楚王,背后都有泗水将领的支持,恐怕不能简单地视为巧合,更合理的解释是这些泗水籍将领本就不愿意服从陈胜的领导,总盘算着要另起炉灶。所以陈胜在起义刚有眉目的时候就跟葛婴分道扬镳,各奔西东了。葛婴东去,而追随陈胜西征的那支义军,在攻克陈县、陈胜建号称王之后,也没有涌现出哪怕一位泗水籍的高级将领来,凡为陈胜所重用者,无一例外全部出身陈郡。

称王之后,陈胜兵分三路:一路由吴广率领,向西北攻击荥阳;一路以武臣为将,向东北略取赵地;又一路在邓宗的率领下南取九江。三路大军先后开拔,陈胜又因陈郡豪杰的建议,命蔡赐为上柱国,行宰相之权;继而接受周文的毛遂自荐,赐他将军印绶,西征关中。这五位文武重臣的里籍排并在一起,是这样的:

  吴广 陈郡阳夏人

  武臣 陈郡陈县人

  邓宗 陈郡汝阴人

  蔡赐 陈郡上蔡人

  周文 陈郡陈县人

五位陈郡重臣之中,武臣与陈胜的关系值得我们特别留意。

因为司马迁在《史记·张耳陈余列传》中是这样介绍武臣与陈胜的交谊的：

> 陈王以故所善陈人武臣为将军，邵骚为护军，以张耳、陈余为左右校尉，予卒三千人，北略赵地。

陈人武臣是陈胜的故交，我们似乎可以因此推断陈胜被谪戍前曾经长期生活在陈郡。他不但与武臣相善，同时还熟悉张耳、陈余两位陈郡名士：

> 秦之灭大梁也，张耳家外黄。高祖为布衣时，尝数从张耳游，客数月。秦灭魏数岁，已闻此两人魏之名士也，购求有得张耳千金，陈余五百金。张耳、陈余乃变名姓，俱之陈，为里监门以自食……陈涉起蕲，至入陈，兵数万。张耳、陈余上谒陈涉。涉及左右生平数闻张耳、陈余贤，未尝见，见即大喜。
>
> ——《史记·张耳陈余列传》

大梁人张耳、陈余都是秦朝政府重金悬赏追捕的魏国名士，为了躲避暴秦的迫害隐姓埋名，蛰伏于陈郡。而司马迁说陈胜称王之前早与二人神交已久，这也足以证明陈胜先前定是陈人，因此熟悉陈郡的人物掌故。

另一个我们不可忽视的现象是，泗水将领普遍对陈胜怀有一定程度的抵触情绪，而与之形成鲜明对比的是，陈胜在陈郡称王却受到了陈郡三老、豪杰的热烈拥戴：

> （陈胜）乃入据陈。数日，号令召三老、豪杰与皆来会计事。三老、豪杰皆曰："将军身被坚执锐，伐无道，诛暴秦，复立楚国之社稷，功宜为王。"陈涉乃立为王，号为张楚。
>
> ——《史记·陈涉世家》

陈郡豪杰不但甘心拥立陈胜为王，甚至还向他推荐蔡赐以为辅佐：

> 陈王征国之豪杰与计，以上蔡人房君蔡赐为上柱国。
>
> ——《史记·陈涉世家》

以上种种现象都显示陈胜从前在陈郡拥有深厚的人脉基础、复杂的社交网络。这已经不能简单地以陈胜出身陈郡来解释了，甚至让人对司马迁所描述的陈胜的身份产生了深深的怀疑：他原来真的就是一个"为人佣耕"的普通雇农吗？

肆

如果我们就把陈胜当作一个面朝黄土挥汗如雨的雇农，那他身上至少有这样几个特征是与雇农身份格格不入的。曾文祥说：

> 陈胜有士以上阶层特有的出身标志——字，《史》、《汉》

都说他"字涉"。据《仪礼·士冠礼》、《礼记·冠义》等文献,"字"是士以上家庭的子弟入仕前夕,由有权穿朝服的贵族父兄与国君、卿大夫、宗族、宾客、宗庙鬼神等"协商"后共同授予的。所以,一般平民不可能有字的。……其他见于史籍的同代平民如萧何、曹参、韩信等都没有字。而贵胄官裔,则都有字,如项籍字羽、张良字子房、李斯字通古、李信字有成等。陈胜的出身,应与他们相似。

——《陈胜新论》

曾先生指出陈胜有名有字,认为与其雇农身份不符,这为我们研究陈胜的出身提供了一条很好的线索。只是曾文对这一现象的分析尚有瑕疵。字虽是士以上阶层独享的身份标志,但士与平民却不以出身和血缘而完全隔绝。自春秋晚期以来,平民阶级也可以晋升为士,当然也就可以取字。比如:

冉雍,字仲弓。……仲弓父,贱人。

——《史记·仲尼弟子列传》

孔门弟子中像仲弓这样出身微贱者不一而足,他们全都有名有字,因为这些弟子投师学艺的目的就是要成为一个真正的士君子。孔子课徒授学,倡议"有教无类",等于宣告了从今往后接受教育不再是贵族子弟的特权,平民入仕将成为不可阻挡的时代潮流。连教育和参政都不再是"肉食者"专属的特权了,遑论区区名字?到陈胜粉墨登场的时候,平民甚至不再满足于入仕参政，历史已经为他们准备好了执政当国的条件，中国历史上的第一位平民天子——汉高祖刘邦眼看就要践祚称尊了！刘邦是个地道的草鞋皇帝，他的亲兄弟里边有人也是有名有字的：

> 楚元王交，字游，高祖同父少弟也。好书，多材艺。少时尝与鲁穆生、白生、申公俱受《诗》于浮丘伯。伯者，孙卿门人也。及秦焚书，各别去。
>
> ——《汉书·楚元王传》

冉雍和刘交的案例事实上打破了曾文"一般平民不可能有字"的论断。但我们也不得不在此说明，平民之中也不是随便什么人都能取字的。比如刘交的哥哥刘邦，在发迹之前别说字了，连个大名都没有。司马迁在《史记·高祖本纪》中说刘邦"姓刘氏，字季"，这不准确。"季"只是排行，意思是家里的老小。大家管刘邦叫"刘季"，跟成都人招呼隔壁的"刘老幺"没有任何区别。所以班固撰写《汉书·高帝纪》的时候径直删去了"姓刘氏，字季"这一节。刘邦原本只有哥儿三个，分别叫作"伯""仲""季"，也就是刘老大、刘老二和刘老幺。刘邦已经是幺儿了，他下边怎么还有个弟弟呢？班固说，刘交是刘邦的"同父少弟"。同父，言下之意是异母，也就是说刘邦的父亲刘太公纳了妾；少弟，意味着刘交和三位哥哥年龄差距比较大，说明刘太公是很晚才纳了这房小妾。都有余力纳妾了，这时候的刘太公手里该是有几个闲钱的。因为刘交出世的时候老刘家已经脱去赤贫，所以也就有条件送他出去念书——刘交，字游，这个名字合起来念就是"交游"，形容的正是他出门游学，拜师于浮丘伯门下的经历。照此推论，这个字多半是拜老师所赐。孔子以降，至于陈胜，凡属平民取字者，大概只有老师赐字这一种可能，因为投师学艺乃是和平年代平民晋升为士的唯一途径。如果没有拜师镀过金，就算这个平民识文断字，他也不能给自己取字。事实上刘邦也不是一个文盲：

及高祖、卢绾壮，俱学书，又相爱也。

——《史记·韩信卢绾列传》

刘邦成人之后是受过教育的，但这里所谓"学书"应该只是认字而已，并非像刘交那样跟随老师系统地研习儒家经典。这点我们可以用刘邦后来的经历进行反推：假设刘邦像刘交那样治过五经，他就应该入博士官做弟子，而不会屈就泗水亭长之流的小吏——那样的刀笔营生是刚能识文断字的初级文化人才干的工作。刘邦识文断字，可在称帝前的许多年里，他仍顶着"刘季"的身份过活，没有取字，就因为他算不得"士"。同样的道理也适用于刘邦的同僚、沛县县吏萧何。

以刘邦、刘交两兄弟的经历为参照，我们再来分析陈胜这个有名有字的情况，那可就蹊跷了：《史记》《汉书》都提到陈胜早年为人佣耕，一个在田间地头下苦力的底层劳动者哪有条件像刘交那样拜师求学呢？如果排除老师赐字的可能，那陈胜的字就只有曾文祥先生提到的那一种解释了：陈胜原本就是个没落贵族，他的字来自家族长辈的赐予。

除了有名有字这个特征外，陈胜发迹前的谈吐举止也和真正的平民大相径庭。在这里，我们不妨把陈胜和韩信做一比较。曾文祥先生在《陈胜新解》中说韩信无字，因而是个平民，这其实是对韩信的误解。韩信不是无字，而是他的字失载于史籍。这个人物可是个如假包换的没落贵族。《史记·淮阴侯列传》载：

> 淮阴屠中少年有侮信者，曰："若虽长大，好带刀剑，中情怯耳。"众辱之曰："信能死，刺我；不能死，出我袴下。"于是信孰视之，俯出袴下，蒲伏。一市人皆笑信，以为怯。

韩信宁受胯下之辱也不愿解除佩剑，正因为佩剑是贵族的身份象征，而那些嘲笑韩信的市井平民是没法理解这种骨子里带出来的贵族情结的。《淮阴侯列传》又载：

> 信钓于城下，诸母漂，有一母见信饥，饭信，竟漂数十日。信喜，谓漂母曰："吾必有以重报母。"母怒曰："大丈夫不能自食，吾哀王孙而进食，岂望报乎！"

"王孙"是对贵族子弟的泛称。司马贞《史记索隐》引刘德的解释说："秦末多失国。言王孙、公子，尊之也。"这是韩信贵族身份的又一证明。我们看看韩信说的这句话——"吾必有以重报母"，这个穷得连饭都吃不起的破落贵族仍是心比天高，而且

他日后也真的兑现了自己的承诺。很有意思的是,在田垄上辛苦耕作的陈胜,说话的口气居然跟韩信一般无二:

> 陈涉少时,尝与人佣耕,辍耕之垄上,怅恨久之,曰:"苟富贵,无相忘。"庸者笑而应曰:"若为庸耕,何富贵也?"陈涉太息曰:"嗟乎,燕雀安知鸿鹄之志哉!"
>
> ——《史记·陈涉世家》

虽然陈胜口称"苟富贵,无相忘",但他的主要意思恐怕不是"假如你以后富贵了,可别忘了我",而是"有一天我富贵了,绝不会忘了你"。因为同伴对陈胜的回应是:"你一个耕地的长工,有啥富贵可想?"同伴嘲笑陈胜异想天开,跟屠中少年羞辱韩信有剑无胆如出一辙,刻画的正是平民和破落贵族的本质差别:别看这两种人外在的经济状况、生活境遇差强仿佛,可内心的志趣抱负、眼光见识真有天壤之别。陈胜说"燕雀安知鸿鹄之志哉",感叹的正是这种差别。称王后的陈胜还会再次见到这位故友,而当这位故友喋喋不休地向旁人散布"陈胜从前和我们一起耕田的时候"云云,陈胜便毫不留情地对他下了杀手。我们不必去指责陈胜薄情,因为他们本来就不是一路人,陈胜想用这一刀来撇清的也无非就是这点。

司马迁说,当陈胜做着佣耕的苦力时,"怅恨久之"。设使陈胜祖辈世代务农,这个"怅恨"就不太好理解了。与陈胜并世之人,论志向远大,无如刘邦。刘邦第一次在咸阳瞻仰秦始皇的风

采时,"喟然太息",说:

"嗟乎,大丈夫当如此也!"

——《史记·高祖本纪》

从刘邦的这番话里,我们能读出钦佩,读出艳羡,读出感慨,但唯独读不出怅恨。因为秦始皇屁股底下那把椅子自古以来就是贵族的专属,刘邦这个平民子弟对此心驰神往实属想入非非。相形之下,陈胜对着手里的锄头,居然生出了怅恨之情,可见种地并不是他的本分。

陈胜不但抱负远大,不甘沉沦,他反秦起义的手段也绝不是一般平民所能使得出来的:

陈胜、吴广喜,念鬼,曰:"此教我先威众耳。"乃丹书帛曰"陈胜王",置人所罾鱼腹中。卒买鱼烹食,得鱼腹中书,固以怪之矣。

——《史记·陈涉世家》

陈胜是怎么想出鱼腹藏书的诡计来的?套用的模板原来在这里:

太子发升于舟。中流,白鱼入于舟。王跪取出俟以燎。群公咸曰:"休哉!"

——《尚书大传》

秦朝博士伏生传下的《尚书大传》中说,当年武王伐纣、观兵孟津的时候，有一条白鱼跃入武王的船舱。白为殷家正色，鱼为鳞介之物。武王伏取白鱼，燔以祭天，宣告这是西周受命、代商而立的天启符瑞。把这个典故挪到大泽乡起义来用再贴切不过了：一面证明陈胜造反是顺应天意，一面抹黑秦二世的暴政如同殷纣。这一石二鸟的宣传效果是一个普通农民能想出来的吗？要真是农民阶级的本色出演，那该是个什么样的主意，参考烧炭工杨秀清的"天父下凡"就知道大概了。

陈胜能想到鱼腹藏书，不仅因为贵族家庭的政治经验，也得益于他对时政的细微观察。陈胜起义前对吴广说过一番话：

"吾闻二世，少子也，不当立。当立者乃公子扶苏。扶苏以数谏故，上使外将兵。今或闻无罪，二世杀之。百姓多闻其贤，未知其死也。"

——《史记·陈涉世家》

对秦朝高层的权力斗争，普通百姓大都不明就里，可陈胜却说得头头是道。陈胜要真是赤贫雇农，怎么会留心时政，洞若观火，他又从什么渠道去获取信息呢？

以上种种迹象都显示，陈胜不会是一个普通的贫雇农。那他的真实面目究竟是怎样的呢？揭开这个谜底的关键还在陈胜的里籍中：

陈胜者，阳城人也。

——《史记·陈涉世家》

事实上，这里的阳城并非韦昭所说的颍川阳城，而是陈郡阳城，原属于楚国，最早是楚国贵族封君的采邑：

> 墨者钜子孟胜，善荆之阳城君。阳城君令守于国，毁璜以为符，约曰："符合听之。"荆王薨，群臣攻吴起，兵于丧所，阳城君与焉，荆罪之。阳城君走，荆收其国。
>
> ——《吕氏春秋·上德》

封于阳城的故楚贵族因不满吴起变法侵削封君，在楚悼王死后举兵杀死吴起，结果却误伤了悼王的遗体，因此阳城君遭到了新君楚肃王的严厉追究，阳城封地也被肃王收回，转为国君直属的县邑。

楚国阳城就在今天的河南商水，地近陈县。这里聚居了大批的楚国贵族。宋玉《登徒子好色赋》曰："嫣然一笑，惑阳城，迷下蔡。"汉儒王逸解释说："阳城、下蔡，二县名，楚之贵介公子所封。"楚顷襄王二十一年（公元前278年），秦国大将白起烧夷郢都，楚国被迫东迁于陈，大批楚国贵族应该是在此后迁徙到了新都陈县附近的阳城聚居。《登徒子好色赋》中所提到的楚王就是顷襄王，"惑阳城，迷下蔡"描述的正是楚国贵族聚居阳城的盛况。

《中国历史地图集》的主编谭其骧先生在1961年写过一篇名为《陈胜乡里阳城考》的文章，对阳城在商水的观点提出过质疑。谭先生说：

> 这一阳城（指商水阳城）在汉代是一个侯国，始建于宣

帝地节中,前此未尝见于记载。魏嵩山同志说,侯国命名一般皆采用原来地名,建立阳城侯国之前,其地应早已有阳城之名,这是对的。可是早已有阳城之名,不等于早已建立了阳城县。西汉列侯封国在受封以前往往只是原来的一乡一亭,绝不能说所有的侯国原来都是县。……楚之阳城在战国时显然是一个名城巨邑。任何聚落之所以能发展成一个名城巨邑决不是无条件的。……在今商水或汝南境内的汉代阳城侯国,那就不可能具备这样优越的条件。

谭先生质疑阳城在商水的两点理由都有商榷的余地。首先,谭文撰写的时间比较早,其时关于商水阳城的考古发掘尚未进行。直到1980年,商水县文物管理委员会才对商水阳城进行了考古发掘,结果显示:这座古城共有内城、外城两部分,外城城垣东西八百米,南北五百米,城垣基宽二十米。从城垣的叠压打破关系看,夯土层打破的地层是战国晚期的,夯土层上面叠压两层,下面一层属于战国末期,上层属于战国末到秦时期,由此可知此城当筑于战国晚期。设使真如谭文所说,阳城在秦代原不过一乡一亭,这样大规模的古城遗址又该如何解释?

其次,谭文只注意到商水阳城的天然地理条件,认为它不如南阳方城一带,后者才是交通要冲,因而更有可能是阳城所在,这种分析忽略了具体的时代背景和政治环境对城市发展的影响。商水阳城之所以能在战国末年崛起为巨邑,乃是楚国迁都陈县所致，正和东汉南阳名为"帝乡"，聚集大批世族豪门，盖因光武帝刘秀出生于此是一个道理。这种特殊的历史条件决定了商水阳城的繁荣是不可持续的。楚国覆亡之后，聚居阳城的楚系贵族很可能遭到秦朝的打压并被迁徙，阳城因而衰落，至西汉地节年间（前69—前66）仅余千户人口，这是合情合理的。不能因为西汉时期商水阳城的规模太小，便否定它曾经的辉煌历史。

商水阳城和我们所讲的陈胜身世有何关系呢？田成方在《东周时期楚国宗族研究》中说：

> 以地名（包括国名）为氏，大部分来自此前的楚系附庸，即属于楚国的外来宗族。其中较早臣服楚国的邓氏、黄氏、陈氏、蔡氏、潘氏等，族人众多，在当时的楚国外来人口中占据显著位置。

商水阳城地近陈县，而陈县最早是春秋诸侯陈国的国都。公元前478年楚国灭陈，陈县遂并入楚国。终春秋之世，楚国总计吞灭了六十多个诸侯国。灭国之后，楚王并没有彻底铲除其原有的统治势力，而是仿效周公封建的办法，一面复封其社稷，以大宗延续国祚，一面又安置其小宗别子在楚国任职。因此陈国灭亡后，陈国公族也就进入了楚国的贵族体系。出身阳城的陈胜很可能就是陈国公族的后裔。

到大泽乡起义的公元前209年，别说陈国早已灭亡了近三个世纪，就算是楚国，也已在十四年前灰飞烟灭了，陈胜这个陈国公族后裔还有残余的政治资本可以利用吗？事情恐怕是这样的。秦灭六国之后，六国的旧贵族势力往往潜入江湖，变身为游侠，通过招揽宾客、广布人脉的方式建立起对抗秦朝的地下势力。五世相韩的张良散尽家财，买凶刺秦；楚国项氏隐居江东，以兵法部勒宾客子弟，把他们训练成一支不穿军装的军队，这都是《史记》明文记载的。秦汉时期的布衣游侠或许经济拮据，但社会能量却相当惊人：

> 及徙豪富茂陵也，解家贫，不中訾，吏恐，不敢不徙。卫将军为言："郭解家贫不中徙。"上曰："布衣权至使将军为言，此其家不贫。"解家遂徙。诸公送者出千余万。
>
> ——《史记·游侠列传》

西汉建国之初，谋士娄敬曾建议汉高祖刘邦将山东豪族迁徙关内，以便就近控扼，预防割据，这个家法一直为西汉历任皇帝所沿用。郭解是汉武帝时最负盛名的布衣游侠，因而被地方官列入了迁徙豪强的名册。可郭解不愿迁徙，便以家贫为由，请求大将军卫青在汉武帝跟前为他疏通。武帝雄主，一眼就看穿了郭解的"资本"并不是钱：一介贫民居然搬得动大将军来为他说情，如此手眼通天，还不算豪强吗？！

陈胜虽说曾是一个为人佣耕的雇农，但在陈郡，他交游广阔，消息灵通；挥师克陈之后，三老、豪杰无不倾心推戴：这岂不正是一个活脱脱的布衣游侠的模样？

项羽和刘邦

壹

公元前210年十月，秦始皇开始了他一生的第五次也是最后一次出巡，这一趟出巡的目的地是东南方向的故楚之国。之所以要挣扎着在生命的最后一年南巡故楚，可能与秦始皇时常挂怀的一句坊间流言有关——东南有天子气。因此，即便已是疲倦难堪，心力交瘁，忧虑着帝国千秋基业的秦始皇也不得不亲临东南，以震慑这个潜在的对手。可是，就在始皇帝南渡浙江的时候，两个故楚国的遗民正冷眼瞧着他呢。始皇帝的黄屋左纛、千乘万骑非但没有吓到他们，反而引得其中一个后生说出了那句在历史上石破天惊的话："彼可取而代也！"

说这句话的人，正是后来的西楚霸王——项羽。司马迁在《史记·项羽本纪》中记载，当项羽说完这句话之后，身边的叔父项梁"以此奇籍（项羽名籍字羽）"。项梁对项羽刮目相看应该是后来的事情,在项羽说出这句话的当口,项梁可是被这个侄子的冒失吓得不轻。他当即捂住项羽的嘴巴,斥责他道:"别胡说八道了,要灭门的!"

但这句在项梁看起来莽撞之极的话,短短的几个月以后居然应验了。公元前 209 年,陈胜、吴广在蕲县大泽乡揭竿而起,反秦起义的烽火随即烧遍了淮南。让秦始皇至死都不能释怀的那句"东南有天子气"似乎渐渐露出了端倪。

回想秦始皇刚刚荡平六国、混一宇内的时候,丞相王绾就忧心忡忡地提醒过他:帝国新征服的燕国、齐国与楚国的故地距离首都咸阳太远,实难控扼!王绾说这番话,并非故意要在秦国君臣弹冠相庆的时候泼凉水,而是一个老臣居安思危的逆耳忠言。

仔细推敲《史记·秦始皇本纪》中的相关记载之后,我们就会发现,事实正像王绾观察的那样,自统一之日起,故燕国、故齐国与故楚国的反秦暗流从来就没有平息过,而且各师长技,每家反秦的套路还都不一样。

燕国本来是战国七雄当中实力最弱的一家,单凭自己的力量想要推翻秦朝无异于以兔搏虎,希望渺茫。但相对于南方的齐国和楚国,燕国有一个天然的地缘优势,那就是它的北境与匈奴接壤,这为燕人请外援打开了方便之门。这并非不切实际的妄想。事实上,在秦汉之际,匈奴似乎挺愿意掺和中原政治的,比如后来被刘邦封为燕王的卢绾,与刘邦翻脸之后便逃亡到了匈奴,被匈奴人封为东胡卢王。

寄希望于匈奴南下，相机复国，最典型的便是为秦始皇寻访仙药的燕人卢生。这个因不满秦始皇擅权心烈而借故逃亡的燕国术士曾经向秦始皇进呈一份图谶，上面说"亡秦者，胡也"。对于"亡秦"字眼异常敏感的秦始皇迅速决定派蒙恬率领三十万秦军主力北逐匈奴，收复河套。虽然最终秦朝并没有如卢生所愿，毁在匈奴人手里，但秦军主力北调，以至于周章率领的义军攻入关中，秦二世竟然无兵可派，不得已只好临时武装骊山刑徒仓促上阵，这个借胡亡秦的策略也算部分奏效了。

燕国往南，是曾经最富庶的东方诸侯齐国。与杂处夷狄之间，常年攻战不休的秦、晋不同，齐国的立国环境要安逸得多。因为缺少战火的淬炼，齐国在悍勇的秦、晋面前留下了怯懦的印象，所以真要反秦，靠抡胳膊根儿，齐国人是不灵的。但齐人自有他们的长项。因为毗邻海隅，兼收鱼盐之利，齐国的手头经常很宽绰。故齐国贤相管仲说过，"仓廪实而知礼仪，衣食足而知荣辱"，有钱就有余力发展文化事业。因为优渥的生活环境、良好的文化氛围，战国时代著名学者往往愿意到齐国游历，也因此齐国成了文化软实力最强的战国诸侯，"稷下学宫"便是学术王冠上最闪耀的明珠。所以，齐人的反秦斗争主要是在思想文化领域展开的。那个批评秦始皇不尊重华夏政治传统，不行分封而立郡县的博士淳于越，就是齐国人。

不过拢总说起来，燕人寄希望于外援，是远水难解近渴；齐人练嘴不练手，是秀才造反，三年不成。真正对秦朝威胁最大的，应该是楚人。故楚国幅员辽阔，人口众多，具备一个天然大国的基本素质，更兼它还是大国情结极其强烈的国家，所谓"横成则秦帝，纵合则楚王"，楚国绝不会甘心承认秦国的征服。因为身上流淌着蛮夷的血脉，楚人民风剽悍，好战善战。楚人有句俗话："三年不出兵，死不从礼。"这是说对历任楚王而言，如果在他执政期间连续三年都没打过一场漂亮仗，死了之后牌位都不能进宗庙。

在战国时代的灭国战争当中，楚国与秦国的积怨最深。秦相张仪以商於之地六百里为饵，忽悠楚怀王与齐绝交，尔后远交近攻，击碎了楚国的大国之梦。公元前299年，秦昭王嬴稷约楚怀王芈槐会盟于武关，却背信弃义，以武力劫持楚怀王到秦国，在章台强迫他割地称臣。楚怀王执意不从，以致客死异域。当他的灵柩被送回楚国的时候，"楚人怜之，如悲亲戚"。

这一笔笔积累起来的血债，让楚人始终以秦朝的掘墓者自居，"楚虽三户，亡秦必楚"——哪怕拼尽最后一滴血，嬴氏社稷也一定要终结在楚人手里。正因为如此，当秦始皇东游的时候，在故楚各地都听到了"东南有天子气"的流言，在嘉兴，在云阳，在谷阳，在金陵，俯拾皆是。

贰

　　对山东各地的反秦动态，秦始皇一直保持着高度的警惕。一旦发现苗头，即刻以雷霆手段将它扼杀。大兴师旅、北击匈奴；焚书坑儒，钳制舆论。对燕、齐的反秦斗争，秦始皇的对策虽然粗暴，但总算有的放矢。唯独对楚地的反秦活动，秦始皇的判断却似乎出现了方向性的错误。

　　巡狩嘉兴，秦始皇厌恶当地人传说这里有王势，于是征调十万囚徒，污秽其地，表以恶名，改称"囚卷"。

　　在云阳，他又下令凿断山岗，破坏江山形胜，使原本便捷的天然直道变得迂回曲折，并改地名为"曲阿"。

　　在谷阳，根据观天象者的报告，秦始皇命赭衣徒三千凿京岘山东南垄，以败其天子之气，更其名为"丹徒"。

　　至于金陵，凿地脉，断连岗，引淮水自方山断处流入城中。曾经的楚王埋金之地被贬称"秣陵"——放马饲料的地方。

　　这一系列破坏"风水"的土木工程显示，秦始皇的潜意识里始终将"东南有天子气"的那个应命之人锁定在江东，但其实他的这一系列大费周章的努力都是徒劳的。当秦始皇在江东苦苦寻觅传说中那个头顶五色祥云的真命天子的时候，他却不知道，他所要找的并不是一个江东人，这个人出身在淮泗！

纵观中国的历史，我们会发现这样一条有意思的规律：崛起于东南的豪雄，往往是从淮泗南下，在江东创业成功的：秦末的项羽，汉末的孙策，元末的朱元璋，都是如此。这并非偶然的巧合，而是地理特征使然。

自古以来，中国南北政权争夺的焦点往往在长淮一线。对江东政权来说，"守江必守淮"，没有淮河作为战略缓冲，长江天堑的防御作用就会大打折扣。而当南北政权发生冲突的时候，淮泗一带往往成为血战的沙场。战乱频仍，磨砺出了淮泗剽悍骁勇的民风。

而邻近的江东呢，因为有了淮水与长江的双重屏障，远离战火，山水旖旎，故而民风柔弱，温文尔雅。在群雄逐鹿的战争年代，淮泗豪杰们往往会在第一时间把目光投向江东：偏安柔弱，地近易取，沃野千里，物阜民丰。这里正是英雄用武之地，图王取霸之资啊。当秦始皇东游吴、会的时候，淮泗的故楚贵胄项氏家族正盯着江东这个创业的第一桶金呢。

根据《史记·楚世家》的记载，公元前224年，楚国将军项燕在淮南与秦国老帅王翦率领的六十万秦军展开了最后的决战，结果项燕兵败，被杀于蕲县。次年，秦军俘虏了末代楚王负刍，立国五百一十九年的楚国宣告灭亡。

带着覆军杀将、亡国破家的双重耻辱，进入秦朝的项氏家族已不再是故楚时代的显赫将门，但项燕的小儿子项梁却并不甘心做一个庸碌的新朝顺民。为了躲避仇人的追杀，他和侄子项羽潜渡江东，很快便在吴县站稳了脚跟。以项氏家族的显赫名誉为号召，项梁的身边聚集了不少门客。养客是游侠的基本特征，被班固推为游侠鼻祖的战国四公子都是以宾客盈门著称天下的。对手下的门客与家族中的子侄，项梁总是暗暗地以兵法来训练与组织他们。从司马迁在《史记·项羽本纪》中的记载看，项氏家族在楚国灭亡之后，经历了一次艰难的转型：国家的覆亡让他们从上层社会跌落，潜入民间，成为吴地一支不可忽视的江湖势力。

游侠的生存逻辑是刀切豆腐两面光，一脚官门、一脚江湖始是左右逢源之道。哪怕他身无功名，只是一介布衣，就像汉代的剧孟、郭解那样，也必须要与官场有所联系。官场上的人脉是这些江湖大哥的护身符。司马迁说项梁曾经吃过官司，被逮送栎阳监狱，正是因为有蕲县狱掾曹咎的上下疏通，项梁最终才得以平安过关。而他在吴中日益增长的社会名誉与威望，也为后来杀死会稽太守反秦起义创造了良好的条件。

在家族的诸多子侄中，项羽应该是项梁比较看好的一位。司马迁说，项羽名籍，字羽。从家族长辈给这个孩子起的名字看，他从出生之日起就被深深地打上了军人世家的烙印。籍是记录军令、军功的簿子，而羽书则是表明军情紧急的快信。似乎项氏家族的长辈们对项羽最初的期待是把他培养成一个军队中的文职人员。所以，当项羽年少的时候，项梁最先教他学书，应该也是与这份期待一脉相承的。但这个心高气傲的小侄子不乐意叔叔的安排：

> 项籍少时，学书不成，去；学剑又不成。项梁怒之。籍曰："书足以记名姓而已。剑一人敌，不足学。学万人敌。"于是项梁乃教籍兵法。籍大喜，略知其意，又不肯竟学。
>
> ——《史记·项羽本纪》

不学书，大概是因为文职人员在军队中难以获得升迁的机会。不学剑，因为剑术是一个战士的基本技能，而不是将军的个人素质。当项羽提出要学"万人敌"的时候，项梁并没有因为他之前的半途而废责怪他，反而授之以兵法，这足以看出他对项羽的钟爱：要知道，项梁是以兵法部勒宾客子弟的，将兵法教授给项羽，这很可能意味着要扶他上位，让他成为这个组织中的管理者。但无论项梁教什么，项羽都不过浅尝辄止，没有表现出刻苦钻研的态度。

司马迁的记载曾经让我误以为青年时代的项羽是个烂泥扶不上墙的纨绔子弟，但这并不是事实。孔子说过："我非生而知之者，好古，敏以求之者也。"（《论语·述而》）这句话常常被人用来赞叹孔子的勤学深思。但如果我们把这句话的逻辑反过来推论，孔子说他不是那种生而知之的人，暗示着他并不排除有人是生而知之的。在我看来，项羽就是一个"生而知之"的军事天才。

项羽不学剑，但他的单兵作战能力很强。《史记·项羽本纪》中说，当项羽在人生的最后关头被汉军围困在乌江之畔时，他把坐下的乌骓马赐给了自愿渡他过江的亭长，与麾下二十六人下马步战，唯独项羽击杀了数百汉军。

项羽对兵法只了解了个大概，不肯学完，但他的排兵布阵却相当娴熟。且不说东城快战的时候指挥二十八骑在数千汉军之中如入无人之境，单说项羽死后，他手下曾经的楚军之冠淮南王黥布造反，汉高祖刘邦御驾亲征，与黥布遭遇于蕲县以西。刘邦远远望见黥布的精兵使用项羽的遗法布阵，心里就已经不自在了。

但无论剑术还是兵法，说到底都属于技术层面的东西，勤能补拙，是可以"敏以求之"的。项羽真正让常人不可及、不可学的是他的气质。曹丕曾经说："气之清浊有体，不可力强而致。虽在父兄，不能以移子弟。"（《典论·论文》）——上天给予每个人的气质禀赋都是独特的。项羽的气质中最大的特点是不怒自威，给人以很强的压迫感。《史记·项羽本纪》中记载了这样两个小故事。

其一，楚汉战争之中，项羽与刘邦相持于广武。急于求战的项羽派出壮士向汉军挑战，刘邦安排了一名叫楼烦的神射手狙击楚军精壮，屡试不爽。勃然大怒的项羽决定亲自披挂上阵。面对喑呜叱咤的楚霸王，楼烦居然"目不敢视，手不能发"。

其二，在项羽最后败走东城的时候，汉军数千骑兵死死咬住项羽与他的二十八位残部。在项羽突围的时候,郎中骑杨喜挡住了项羽的去路,项羽瞋目叱之,杨喜"人马俱惊,辟易数里"。

"力拔山兮气盖世",西楚霸王的气概可能真的是受之于天。就是这样的一个家族后生,成了项梁起兵江东的强援臂助。

秦二世元年(公元前209年)七月,陈胜、吴广起兵于大泽乡。很快,整个长江以西地区就完全陷入动乱。憎恶秦朝酷刑的年轻人纷纷暴动,冲击官府,杀死秦朝官吏以响应陈胜。

一江之隔的会稽虽然暂时还没有受到波及,但是眼见江西暴动、秦吏被杀的酷烈场景,会稽太守通不免深深忧虑。他将维稳的希望寄托在项梁的身上,准备依靠这个与官场有着良好互动的地方绅士弹压可能出现的动乱。

但他并没有料到,在楚国灭亡后韬晦了十几年的项梁等的就是这个机会。正是借着到官府与太守通讨论整肃地方武装、弹压暴乱的契机,项梁命令项羽斩下了他的人头。几乎就凭项羽一人之力,项梁便震慑住了阖府的吏卒。

夺取政权之后,项梁、项羽整编了会稽郡的八千精兵。

人生的第一桶金已经摆在面前,英雄项羽即将渡江,投入波澜壮阔的反秦斗争,那里,才是他书写人生传奇的舞台。

当项梁、项羽引兵渡江之后,一位名叫范增的谋士找上门来，对项梁说了这样一番话：

> "陈胜败固当。夫秦灭六国，楚最无罪。自怀王入秦不反，楚人怜之至今。故楚南公曰：'楚虽三户，亡秦必楚也。'今陈胜首事，不立楚后而自立，其势不长。今君起江东，楚蜂起之将皆争附君者，以君世世楚将，为能复立楚之后也。"

——《史记·项羽本纪》

在这段话中，范增提出了一个事关项梁今后发展战略的大问题。当项梁渡江而西，他势必要汇入江西蜂起的反秦义军中。但是这些楚地的反秦义军的来源、背景非常复杂，自立山头，互不统属。如果不能将这些反秦力量进行有效的整合，很可能因为势单力孤而被秦军各个击破。

范增说，陈胜的失败就应归咎于此。他打出了故楚的旗号，却自立为楚王。试想，潜藏各地的楚国旧贵族，包括项氏家族，能真心拥戴一个异姓戍卒为楚王吗？所以，陈胜的张楚政权是因为不能有效凝聚楚地的反秦力量，才最终归于失败的。

现在项梁要想避免重蹈覆辙的话，他手里必须竖起一面令人信服的旗帜来。而手段呢？就得像后来荀彧给曹操的建议那样，"奉主上以从民望，秉至公以服雄杰，扶宏义以致英俊"（《三国志·荀彧传》）。简言之，就是要重新拥立一位楚国的王室成员，挟之以令诸侯，安内而后攘外。

项梁采纳了范增的建议，拥立楚怀王熊槐的孙子熊心为新楚王，仍以"怀王"为号，以便唤起楚地民众的国家认同感。

在抢先一步拥立楚怀王之后，项氏家族确实短暂地取得了楚地反秦运动的主导权，也曾在齐地、梁地多次挫败了秦军的攻势，但很快，这种脆弱的主导权就随着项梁的阵亡而崩溃了。

公元前208年，秦军主帅章邯在得到有效补充之后，向定陶的项梁军发动了大规模进攻，项梁阵亡，楚地的反秦运动遭遇重大挫折，各派系之间的矛盾也随之浮出水面。

这一次惨败，让楚国内部对秦军的恐惧思想再度抬头。楚怀王身边的老将纷纷劝说他，鉴于陈胜和项梁都在与秦军交锋的过程中吃了大亏，楚国要想通过纯军事的手段硬碰硬地消灭秦朝是不切实际的。为今之计，应该加强政治宣传，揭露暴秦虐政，争取更多的道义支持。正是在楚国朝野对反秦斗争发展形势的这种反思下，激进的主战派项羽逐渐失势，没能在项梁死后接过楚军的最高指挥权。楚怀王将这一权力交给了稳健保守的大臣宋义。

司马迁在《项羽本纪》中并没有交代宋义这个人的背景，但荀悦所著《汉纪》说，宋义做过故楚国的令尹。也就是说，他应该是与项羽的祖父项燕同朝为官的耆旧大臣。现在楚怀王安排他做项羽的顶头上司，等于给一匹烈马套上了嚼子。面对资历、背景都远胜于自己的宋义，项羽又该怎么办呢？

肆

从项梁死后楚军的部署看,楚国内部似乎在战略主攻方向的选择上发生了分歧。如果楚国内部一致认为秦军实力太强,难以与之正面对抗,那么,楚国应该趁章邯率领秦军主力北渡黄河、攻击赵国之际,以偏师救援巨鹿并牵制章邯,然后主力倾兵西进,批亢捣虚,夺取秦朝的腹地关中。但是楚国的做法却正与此相反:派遣刘邦率领一支偏师试探性地攻打关中,而命令宋义、项羽、范增率领楚军主力北上援赵。这是摆出了一副要主动寻求与秦军进行主力决战的架势。可军队刚过曹县,还没到定陶,保守的宋义就命令停止前进,而且一停就是四十六天。眼睁睁地眼看着赵国君臣在火上烤,宋义就是不发兵去解巨鹿之围。

这种犹豫不决、首鼠两端的态度在大战将至的时候是非常危险的。我们不妨联想一下明末的松锦战役。明朝的蓟辽总督洪承畴率领八大总兵共计十三万军队前往解救锦州之围。因为忌惮八旗军队强悍的野战能力,洪承畴命令明军抱团取暖,滚动前进。从宁远到松山这短短一百里地的路程,洪承畴居然磨磨蹭蹭走了四个月,最后还是被皇太极在松山包了饺子,全军覆没。这充分说明了主帅坚决的战斗意志在主力决战中具有何等重要的作用。

当项羽就此向宋义提出质疑的时候,宋义的回答是:目前敌我力量悬殊，秦军就像一头强壮的公牛，而赵国和楚国则像蜇它的牛虻和虱子那样弱小。牛虻是趴在牛背上的，而虱子则藏在牛的皮肤之下。就算秦军一巴掌拍过来，也是先把牛虻拍死，拍不到虱子。有赵国在前方顶雷，我们在后面是有安全保障的。所以不妨观望一下，看看战争的形势发展，再决定哪种对策更为有利。

宋义的这番分析表面上看是老成谋国之论，但细谙起来却充斥着一个官油子的投机心理。譬秦军为牛，喻楚国为虱，这种猥琐的畏惧心态根本看不出一点"楚虽三户，亡秦必楚"的民族血性与大国风范来。主帅这么窝囊，怎么可能带出一支战无不胜的威武之师？

对懦弱的宋义，项羽是有办法的。想当年江东起兵的时候，会稽太守通的项上人头就是斩落在项羽的剑下。如今不过故技重施，掉脑袋的换作了宋义而已。在杀死宋义、夺取军事主导权之后，项羽领兵渡河，破釜沉舟，与秦军展开了决战。

这是项羽一生最辉煌的时刻，也是他为后世津津乐道的最重要的原因。

如果将项羽的破釜沉舟和韩信的背水一战做个对比，我们就会发现，虽然两位杰出的统帅都选择了置之死地而后生的战术，但运用这个战术的思考却可能大相径庭。

韩信的战术设计是建立在精密思考的基础之上的。他很清楚自己率领的是一支缺乏战斗经验的新军，同陈余指挥的赵军相比在军事素质上处于劣势。这个短板只能依靠血性与拼搏来弥补。主动把自家的军队逼到背水一战的境地，正是激发其战斗意志的好办法。

而项羽，我不确定他在渡河之前是否也有这样清晰的考量。因为当他杀死宋义，夺取军事指挥权之后，对黄河对岸的秦军，项羽就只能求战，不能避战，只能战胜，不能战败了。赢了是一鸣惊人，输了则死无葬身之地。破釜沉舟，孤注一掷，说到底是项羽没得选择的选择，但就是在被逼入绝境的时候，项羽的自信和勇气才令人感佩。

韩信的智谋可以学，但项羽的气势却没法模仿。当项羽渡过黄河，最终杀苏角、虏王离，困死涉间的时候，他长出了一口恶气，痛快地报复了一身的家国血仇：王离，正是十七年前杀死项燕的秦将王翦的孙子，而那个曾经征服了楚国的秦始皇，他病逝的沙丘平台宫就在巨鹿城不远的东北方。巨鹿惨败，秦朝灭亡的丧钟已经敲响。

除了项羽，还有谁的人生能活得如此畅快淋漓！

当然，谋事在人，成事在天。老天有意成全项羽的地方是，当他与王离在巨鹿城下浴血厮杀的时候，秦军主帅章邯的注意力却并不在他身上。对章邯来说，他最大的威胁不是项羽，而是在朝中作威作福的权臣赵高。打赢了巨鹿之战，功高震主，必然招人忌恨；要是败了，则自己一定会成为赵高塞责的替罪羊。战亦死，不战亦死。就因为内有忧逼，所以在王离陷于苦战的时候，章邯心猿意马，始终没有给予他有力的支持，这才成就了项羽九战破秦的神话。关于这些，项羽应该是在战后才知道的。

伍

英雄之所以为英雄，是因为找到了一方属于自己的舞台。要是离了这方舞台，他还能不能继续英雄就得两说了。对项羽而言，事情就是这样。在战场上短兵相接，他是所向披靡的英雄，但在政坛上经纬国计，他却显得笨拙而迟钝。

当项羽在巨鹿战胜秦军，登上人生巅峰的时候，他的战友刘邦已经攻破武关，占领咸阳了。项羽随后以诸侯上将军的身份统领联军西进关中，却险些在进入函谷关后与刘邦的军队爆发大战。根据《史记·项羽本纪》的记载，双方冲突的起因是这样的：

> 行略定秦地。函谷关有兵守关，不得入。又闻沛公已破咸阳，项羽大怒。使当阳君等击关。项羽遂入，至于戏西，沛公军霸上，未得与项羽相见。沛公左司马曹无伤使人言于项羽曰："沛公欲王关中，使子婴为相，珍宝尽有之。"项羽大怒曰："旦日飨士卒，为击破沛公军！"

曹无伤给项羽递话中伤刘邦这件事很值得仔细说一说。在这段话中他"揭发"了刘邦三个方面的问题：

首先，根据刘、项二人出征前与楚怀王及众将领的约定，先入关破秦者为关中王，刘邦趁着项羽进军河北的机会抢先占领关中，所以他对关中王这个位置已经志在必得。

其次，对投降的秦王子婴，刘邦准备任命他为自己的国相。

最后，刘邦想要独吞咸阳的战利品。

在这三条理由中，可能不少人会认为激怒项羽的主要是第一条，因为对项羽来说，让刘邦先入关，抢占了灭秦的首功，这是骄傲自负、眼高于顶的楚霸王所不能接受的。

但我却认为，真正让项羽下令攻击刘邦的理由是第二条，也恰恰是这条理由，反映出项羽只是一个英勇的斗士，而不是一个合格的战略家。

刘邦先入关占领咸阳，甚至想要做关中王，对项羽的刺激应该没那么大。因为在巨鹿之战的时候，各方诸侯都派兵前来援赵，巨鹿才是当时天下关注的焦点。当各路军队都因为畏惧秦军而坚壁不战的时候，项羽麾下的楚军却以一当十，屡战屡胜。战胜之后，诸侯将领到楚军大帐来参见项羽，都是跪着进入辕门的，连头都不敢抬。在这时，已经慑服群雄、成为诸侯上将军的项羽并不需要一个鸡肋似的入关首功来证明自己的地位。再说了，从后来的分封看，项羽心仪的封地是彭城而非关中。所以在关中王这个问题上，刘、项二人并没有直接的利益冲突。

至于第三点问题，曹无伤的话倒也不完全是空穴来风。刘邦这个人从前的确是贪财好色，这点前科连项羽身边的首席谋士范增都知道，曾经与刘邦并肩作战的项羽不可能没有耳闻。至于说刘邦的军队进入咸阳之后疯狂敛财，这件事情也的确发生过。根据《史记·萧相国世家》的记载，在刘邦军队刚刚进入咸阳的时候，他手下那帮乞丐将军都争先恐后地到金库分抢财帛，刘邦在鸿门宴上送给项羽和范增的"伴手礼"——白璧一双、玉斗一对，估计也就是这么来的。但这是刘邦的部下所为，至于刘邦本人，范增说："财物无所取，妇女无所幸。"这实际上已经撇清了曹无伤的诬告——钱财和女人刘邦都不沾的，项羽没有理由迁怒于他。

但项羽确实对刘邦起了杀心，司马迁在上面那段记载中连书了两次"项羽大怒"就是证明。那么，到底是什么激怒了项羽呢？我个人推断，是项羽入关之后的所见所闻让他对刘邦的政治立场产生了怀疑。刘邦的敌人本来在西秦，可他进入咸阳、灭亡秦朝以后却派兵东向封闭函谷关，这摆明了是要把项羽和诸侯军队挡在关外，他想干什么？另外，刘邦当初进入关中，因为自身实力单薄，确实有可能剿抚并用，与秦朝的残余势力达成了某种政治默契。《史记·秦始皇本纪》中就提到，秦王子婴在杀死赵高之前曾经说，"我闻赵高与楚约，灭秦宗室而王关中"，他说的"楚"，指的只可能是刘邦，因为当时刘邦已经攻破了武关，距离咸阳近在咫尺。

因此,当项羽听曹无伤说刘邦准备任命子婴为国相,再加上刘邦之前派兵封闭函谷关的异动,项羽形成的第一判断很可能是:刘邦已经背叛楚国,与秦朝的残余势力勾结在一起了。

"灭此朝食,杀了这个叛徒!"这应该是项羽发兵的真实想法。

和项羽相比,谋士范增的态度就更值得玩味了:一方面,范增为刘邦辟谣,坚定地认为他没有贪图财货,独享战利品;但另一方面,范增又极力劝说项羽赶紧动手,尽快解决掉刘邦。这又是为什么呢?

刘邦当上皇帝之后曾经说,项羽身边就只有一个范增是顶用的,可惜项羽不重视他的意见。刘邦之所以给范增这么高的评价,是因为范增是一个具有战略思维的人。在项羽准备发兵的当口,范增对项羽说了这样一番话:

"沛公居山东时,贪于财货,好美姬。今入关,财物无所取,妇女无所幸,此其志不在小。吾令人望其气,皆为龙虎,成五采,此天子气也。急击勿失!"

——《史记·项羽本纪》

范增之所以要说这番话,是因为被尊为亚父的范老爷子瞧出来了,项羽这个后生在思考刘邦的问题时,思路错了。这让范增非常着急,不得不对他耳提面命。范增的意思是,现在刘邦对楚国是否忠诚已经不重要了。当初打起楚国的旗号是为了灭秦，现在秦朝灭亡，楚国的旗号就算完成了它的使命。接下来的时间里，天下最重要的问题是谁会成为新任的国家元首。而在范增眼中，刘邦是有这个志向的，无论他为秦为楚，都注定要成为项羽问鼎之路上的直接竞争对手！

俗话说，第一等人不用教，第二等人用言教，第三等人用棍教。在战场上，项羽是个不学而能的优等生；但在政治谋略上，项羽的鲁钝用"冥顽不灵"来形容实不为过。范增的话已经说到了这个份上，项羽仍然没能领悟。所以，当项伯去向张良通风报信之后回来跟项羽说："沛公不先破关中，公岂敢入乎？今人有大功而击之，不义也。不如因善遇之。"一番简单的说辞，就让他在刘邦是否反水的判断上产生了动摇。

直到见了面，刘邦软下身段来跟项羽剖心明志：

"臣与将军戮力而攻秦。将军战河北，臣战河南。然不自意能先入关破秦，得复见将军于此。今者有小人之言，令将军与臣有郤。"

——《史记·项羽本纪》

这时的项羽重又把面前的这个人认作与自己生死与共的战友，而不是势不两立的叛徒。为了打消刘邦的疑虑，证明自己的坦诚，他甚至向刘邦出卖了通风报信的曹无伤：

> "此沛公左司马曹无伤言之。不然,籍何以至此?"
>
> ——《史记·项羽本纪》

事实上,在鸿门宴上刘邦之所以能够逃得一命,关键就在于他死死地把话题纠缠在自己对楚国的忠诚这一点上,无论张良、项伯、樊哙还是刘邦自己的说辞都是为了证明这一点。而反观项羽,他自始至终都没能跟着范增的指点转过思路来。如果他真的清醒地意识到了刘邦是自己未来争夺天下的最大对手,那"忠诚"就不再是议题了。君子无罪,怀璧其罪,只要你刘邦有争夺天下的志向,就算你我还是战友,那我也只能一抱拳一拱手:兄弟,对不起了!

政治斗争有时候就是这么残酷,施于对手的妇人之仁,会给自己种下祸根。

陆

鸿门宴上,项羽长于军事、短于政治的弱点已经暴露无遗。后来他主持封建诸侯,以至于同刘邦打了五年的楚汉战争,这个弱点一直像梦魇一样困扰着他,并最终将他拖向了战败自刎的深渊。

项羽主持的封建制为什么仅仅维持了几个月的稳定,诸侯们就重又开始了新一轮的厮杀?从《史记·项羽本纪》的记载看,其中一个非常重要的原因是：项羽虽然是封建诸侯的坚定拥护者，但是他对封建制的政治原理缺乏深刻的理解。

相对于郡县制下中央对地方强有力的行政控制能力，封建制下共主对诸侯缺乏有效的约束手段，所谓"古者五帝，地方千里，其外侯服夷服，诸侯或朝或否，天子不能制"（《史记·秦始皇本纪》）。在这种情况下，要维持封建局面的稳定，对政治文化的建设必然提出更高的要求，也就是说封建诸侯所形成的秩序必须基于一种为世人所公认的具有普遍价值的道义伦理观念。从这个意义上说，周朝的封建之所以能延续八百年之久，周公创立礼乐文化以维系人心，厥功至伟。

相比于西周，项羽封建依据的是一种极其粗暴的政治原则：谁拳头硬谁说了算。项羽是军事力量最强的诸侯，所以封建就由他主持。至于诸侯的封国大小，封土腴瘠，则视与项羽的亲疏远近而定。本来在秦朝灭亡之后，反秦战争中兴起的军功新贵同六国王族后裔的矛盾就已经浮出水面，项羽这样明目张胆地倾销私货，把支持过自己的新军阀们封到善地，将六国的旧王族迁移到丑地，结果只会造成双方矛盾的迅速激化。所以封建诸侯的结果刚一传到山东，齐国的田荣、赵国的陈余就都反了。

项羽不但对封建制的精神缺乏了解，就连模样都学得不太像。夏、商、周三朝更迭，没有哪一个朝代在推翻前政权以后斩草除根的，一定会保留前朝王族的封国，以示天下至公之意。这点道理，连出身贫民的刘邦都明白。因此他没有加害秦朝的降王子婴，在项羽死后仍然封项氏家族成员为侯。

反观项羽，作为一个楚国的贵族后裔居然不懂这个道理。进入咸阳，杀降纵火，项羽这是赤裸裸地发泄私愤。他的所作所为向全天下表明，他的思维方式仍只是一个楚国的将军，还远没有学会站在共主的立场上通盘考虑全天下的宏观问题。司马迁就此评价说：

> 自矜功伐，奋其私智而不师古，谓霸王之业，欲以力征经营天下。五年，卒亡其国，身死东城，尚不觉寤，而不自责过矣。乃引"天亡我，非用兵之罪"，岂不谬哉！
>
> ——《史记·项羽本纪》

司马迁批评项羽"事不师古"，意思是项羽虽然模仿了西周的封建，但是画虎类狗，没有领悟到封建制的精髓。他在政治文化建设上一无所成，妄想依靠暴力来维持封建格局的稳定，注定是要失败的。

迷信武力是导致项羽最终败给刘邦的罪魁祸首。当刘邦刚刚入关的时候，他应该有过凭借武力封锁函谷关、独霸关中的设想。但是项羽以绝对的优势兵力破关而入，刘邦的这一战略构想就已经破产了。那么在敌我力量相差悬殊的情况下，他究竟是靠什么转败为胜，最终击垮项羽的呢？在我看来，封锁函谷关这件事情本身就透出了端倪。在鸿门宴之前，张良问刘邦，是谁给他出了封锁函谷关这个馊主意？虽然刘邦含糊其词——"浅薄小人"而已，但是对这个"浅薄小人"的身份，我们却不得不稍作追究。

当刘邦闭关的时候，项羽应该正在西进咸阳的途中。从河北到关中，这一路上项羽做的最大的一件事便是新安杀降——在函谷关以东不远的新安坑杀了章邯手下二十万投降的秦军。限于体例，司马迁并没有在《史记》中提到新安杀降与函谷闭关孰先孰后，可是司马光在编纂《资治通鉴》的时候为这两件事情做了编年，它们是前后相继的：项羽新安杀降一结束，马上就有人建议刘邦封闭函谷关。

严谨的司马光并没有明确地说出这两件事情之间的联系，但他对这两件事情的编年却不免带给我们这样的猜测：教唆刘邦封闭函谷关的多半是秦人。当新安杀降的消息传入关中，关中的秦人害怕遭到项羽等东方诸侯的继续报复，因此把保命的希望寄托在约法三章、秋毫无犯的沛公刘邦身上。这也就从反面印证了项羽入关之后的猜测：刘邦与秦人达成了默契，要背叛楚国。

《三国演义》中的马谡曾经对诸葛亮说过："攻城为下，攻心为上。"翻译成今天的话，那就是军队既是战斗队，又是工作队，同时还是宣传队——军事占领、建立政权、宣传思想是三位一体的手段。在"攻心"这个问题上，项羽在入关前后曾经两次"助攻"刘邦：新安杀降，促成了关中秦人对刘邦的向心；而项羽进入咸阳之后,纵火焚烧秦朝宫室,又进一步加剧了秦人对他的恐惧与仇恨,为刘邦还定三秦埋下了伏笔。

得民心者得天下。从思想动员的角度说,发动群众的最好方法不是让群众为我们打仗,是让他们为自己打仗。在新安杀降和焚毁咸阳之后,项羽其实已经把关中的老秦人悉数推向了刘邦,与他绑成了一个利益共同体。根据《史记·项羽本纪》的记载,公元前205年,刘邦的联军在彭城被项羽一战击溃之后:

> (刘邦)至荥阳,诸败军皆会,萧何亦发关中老弱未傅悉诣荥阳,复大振。

刘邦可是一个楚人。秦、楚世仇,在关中经历了秦末苛政与战火双重折磨的老秦人凭什么这样为他卖命,不但青壮参军,连老人和孩子都拿起武器走向战场?答案是:对他们来说,刘邦就是他们的安全保障。如果刘邦败了,让项羽打回关中,那么新安杀降、咸阳大火的梦魇又将重来。这一仗,老秦人不是为刘邦打,而是为自己打的!

和刘邦行之有效的攻心战术相比,项羽在处置与占领区民众的关系问题时完全是僵硬而冷酷的零和博弈思维。《史记·项羽本纪》中记载了这样两件事情:

> (公元前205年)(项羽)遂北烧夷齐城郭室屋,皆坑田荣降卒,系虏其老弱妇女,徇齐至北海,多所残灭。齐人相聚而叛之。

（公元前203年）（项羽）乃东行，击陈留、外黄。外黄不下。数日，已降，项王怒，悉令男子年十五巳上诣城东，欲坑之。外黄令舍人儿年十三，往说项王曰："彭越强劫外黄。外黄恐，故且降待大王。大王至，又皆坑之，百姓岂有归心？从此以东，梁地十余城皆恐，莫肯下矣。"项王然其言，乃赦外黄当坑者。东至睢阳，闻之，皆争下项王。

上列文献分别记录了项羽在齐地和梁地处理的两次叛乱。

第一次是公元前205年平定齐国。项羽杀死了反对他的齐王田荣之后还不解恨，于是迁怒于齐地百姓，但他的暴政却迅速引发了当地更大规模的骚乱。

第二次是公元前203年平定梁地。项羽击败了彭越，并赦免了被彭越裹挟的外黄百姓，梁地由此传檄而定。这等于说，项羽投入千军万马都摆不平的大规模叛乱，原来只需要一纸简简单单的赦免令就搞定了。

然而不幸的是，外黄赦降是楚汉战争的五年中，项羽为数不多的处置得当的成功案例。在更多的时候，他对占领区的百姓都采取坑杀或屠城的粗暴态度。在项羽的眼中，这些反民是冷酷的，就像冰块一样，而他就要用自己的铁齿钢牙咬碎它。结果呢，冰块硬，牙齿碎；牙齿硬，冰块碎。你死我活，零和思维。

相比起来，刘邦的策略聪明得多。就算你是冰块，我也能用舌头的温度把你慢慢舔化了。老子曾经说，舌头和牙齿相比，那一定是牙齿更硬。但是别忘了哦,当你老了,牙齿掉光的时候,舌头可还在呢。

这份发源于楚地的老庄智慧,从小读过书的老派贵族项羽没学会,出身贫寒、没接受过正经教育的刘邦反而领悟到了。所以相比于在战场上不学而能的项羽,在治国理民上无师自通的刘邦是另一种类型的天才。他最终能够击败项羽,开创大汉王朝四百年的基业,并非偶然。

柒

刘邦是中国历史上第一位真正意义上的草根天子。本来,草根百姓的生活大率平凡无奇,而九五之尊的言行又皆有国史可据,两者应该都不存在太多迷离恍惚的疑点。但是当"草根"和"天子"联系在一起,它们是会发生化学反应的。也因为这个原因,在《史记》的十二篇本纪当中,刘邦的传记《高祖本纪》中记载的荒诞传说数量之多,来源之复杂,无出其右。

在《高祖本纪》一开篇,司马迁就记载了这样一个关于刘邦出生的传说故事:

> 父曰太公,母曰刘媪。其先,刘媪尝息大泽之陂,梦与神遇。是时雷电晦冥,太公往视,则见蛟龙于其上,已而有身,遂产高祖。

如果我们将这个故事同《史记·殷本纪》和《史记·周本纪》中记载的商、周始祖的起源传说一比较，就会发现，《殷本纪》中说殷契是他的母亲简狄吞食玄鸟之卵而生，《周本纪》中则说后稷是他的母亲姜原踩到了巨人的脚印感而成孕，而刘邦的出生传说看上去更像是对商、周始祖起源神话的拙劣模仿。它之所以拙劣，是因为商、周始祖的起源传说产生于母系氏族社会，人们只知其母而不知其父，但刘邦的父亲在他称帝之后仍然健在，他当然只能是他父亲的血脉。但《高祖本纪》中却硬说刘邦是他母亲梦与神遇而生下的，于是乎，在生儿子这件人生大事上，刘邦的父亲竟像舞台上多余的道具那样，成了一个看客。刘老太公做出这样重大的牺牲，都是为刘邦微贱的身份所累。在刘邦之前，中国大地上出现过的历任国家元首都是世袭贵族，现在突然杀出一个平民的儿子登坛践阼，九五称尊，不为自己文饰一个美丽的神话，刘邦又怎么能让战国七雄的贵族后裔们心甘情愿地服从他的领导呢？

这样的文饰对刘邦来说可能是痛苦的。在公元前195年，成为皇帝的刘邦衣锦还乡。在家乡沛县，他流着泪对父老乡亲说："我虽然定都长安，但是将来死了，我的魂魄仍要回到这里！"为了维护帝国统治的稳定，皇帝刘邦选择了割舍乡恋，终老西秦。同样的理由，他也只能默认他的母亲梦与神遇而生下汉朝开国皇帝的故事，而不能公开为他的父亲辩白，这应该看作是对世袭贵族政治传统的无奈妥协。

但从另一方面来说，从前只能由世袭贵族们享用的神话待遇如今竟然被放到了一个平民的身上，这件事本身也具有破天荒的历史意义，这意味着一个由平民政治家主导的新时代的来临。从世袭贵族政治到平民政治，为了这一天，中国此前已经走过了漫长的历史道路。

对上古时期的世袭贵族政治而言，他们是通过垄断教育来垄断政治权力的。因此在上古三代，中国原本只有官学而无私学，官方办学只招收贵族子弟。最早兴办私人教育的圣人孔子秉持"有教无类"的理念，将平民子弟纳入受教育的范围，为暮气沉沉的贵族政治注入了新鲜的活力。

在礼崩乐坏，既有社会秩序无力为继的春秋时期，朝气蓬勃的平民精英们开始对世袭贵族们的执政能力提出质疑与挑战，比如那个"一鼓作气"的曹刿就曾经非常不屑地说过"肉食者鄙"。但在那个时代，除了曹刿等极少数精英之外，大部分平民仍然将参与政治视为贵族的本分。因此曹刿的同乡才会在他去向鲁庄公献策的时候劝他道："肉食者谋之，又何间焉？"——你纯属狗拿耗子，多管闲事。平民登上政坛，开始主导中国的历史进程是从秦末开始的。

曾经因为服徭役而来到京师咸阳的刘邦在看到始皇帝出行的威严仪仗时满心羡慕地说："嗟乎，大丈夫当如此也！"在他说出这句话的时候，可能谁也无法想象一个匍匐在尘埃里的平民有一天居然真的能取代高高在上的始皇帝成为新朝代的元首，但刘邦做到了。这是时代对他的成全。"大丈夫当如此"是刘邦一生伟业的起点。放眼望去，从平民百姓到君临天下，这条漫长的人生路还有无数艰辛与坎坷在前方等待着他呢。

捌

褪去皇帝的新衣，从前的刘邦是个地地道道的平民。不，或许应该说"贫民"才对，因为他曾经很穷。

刘邦一共哥儿四个，这四兄弟的名字起得很有意思。刘邦行三，上头有两个哥哥，分别叫作刘伯和刘仲。老三刘邦在发迹之前是被称为"刘季"的，"刘邦"是他取得天下之后自己改的名字。

严格说来，"伯""仲""季"并不是名字，而是排行。"刘邦"和"刘季"有什么差别？"刘邦"是学名，指的是那个君临天下的汉朝开国皇帝；"刘季"是小名，照成都话说就是隔壁老刘家的幺儿。"刘老幺"和"汉高祖"可不是一码事情。没有学名，意味着刘邦在青少年时期并没有正经念过书，所以也就没有先生给起名字。上不起学，估计就是因为穷。

既然称"季"，是家里面的"幺儿"，就意味着刘邦下面不应该再有兄弟了。对比一下《史记·周本纪》中的记载，西周先祖古公亶父的三个儿子就分别叫作"泰伯""虞仲"和"季历"，"季历"之下是没有弟弟的。

但刘邦有，而且这个弟弟的名字起得跟三个哥哥大不一样。《汉书·楚元王传》说他名"交"，字"游"。班固说，他是刘邦的"同父少弟"。刘交的名字跟项羽的名字格式是一样的——项羽名"籍"字"羽"，司马迁说项羽小时候是念书的，所以"刘交"这个名字应该也是就学时起的学名。

我们将他的名、字连起来读，便是"交游"。在秦汉时代，为了求学，是要背井离乡，外出拜师的。《汉书·楚元王传》说，刘交曾经投师在荀子的弟子浮丘伯门下，跟随他学习《诗经》，直到秦朝的焚书令下达，才被迫中断了学业。在刘家四兄弟中，他是唯一一个接受过正规教育的知识分子。刘交的经历说明，在他出生的时候，老刘家的经济状况得到了明显的改善，这才有余力送他去念书。

老刘家能够逐渐富裕起来，多半要归功于刘邦的二哥。后来刘邦当了皇帝，在未央宫落成的时候大摆筵席，席间他举起一杯酒给自己的父亲祝寿，说了这么一段话："从前父亲您认为我没有稳定的收入，不会经营家业，比起二哥差多了。今天您再看看我的家业比二哥如何呢？"

老刘家在刘仲的努力下改善了经济状况，这本来是件好事，但从刘邦回忆往事的语气看,他对这件事情是介意的。因为和二哥比起来,刘邦在营生上显得很笨拙。《史记·高祖本纪》说刘邦"不事家人生产作业"。他是一个有大志向的人,不屑于在糊口的琐事上浪费精力。但在父亲看来,这个"幺儿"就不是个会过日子的人,估计没少因为这个以刘仲为例敲打他。因此时隔多年,刘邦心里的这口气都还存着呢。

靠奋斗而成功的英雄人物许多都有过拮据而难堪的过往。即如刘邦君臣,他手下的第一员大将韩信,发迹之前曾经向浣纱女子乞食,还遭受过市井无赖的胯下之辱;另一员刘邦的大臣,诛灭诸吕、安定汉室的太尉周勃,成名以前是个吹箫的乐手,靠出殡的时候在丧葬队伍里奏哀乐挣几个散钱。

刘邦本人也有过这样的经历。在成年之后,不会经营生计的他成了秦朝的一名低级吏员——泗水亭长。做这份工作,对刘邦来说并非屈就,我甚至怀疑这份工作是老刘家上赶着花钱给他买来的。因为《史记·淮阴侯列传》曾经说韩信"始为布衣时,贫无行,不得推择为吏",韩信因为穷,且在群众中口碑不好,所以不能取得推荐资格成为政府的低级公务员。刘邦的情况跟韩信差不多,秦法森严,标准化程度非常高,"贫而无行"的韩信不得为吏,朝廷似乎不应该单对刘邦网开一面。所以他这个"泗水亭长"有可能是捐来的——在出现灾荒、财政收入短缺的年份,政府要卖官鬻爵来填补赤字,这是常例。

可即便端上了这个"铁饭碗",刘邦的薪水也不够一家人开销。《史记·高祖本纪》说刘邦担任亭长之后经常请假回家料理农务。这估计是要贴补家用。非但他自己露胳膊挽袖子下地干活,连他的妻子和一双儿女——也就是后来的吕后、汉惠帝和鲁元公主都要一起帮忙,不得清闲。

作为一个顶门立户的男人,贫民刘季的生活是如此艰辛,也难怪老父亲经常拿二哥来数落他了。孟子说:"天将降大任于斯人也,必先苦其心志,劳其筋骨,饿其体肤,空乏其身。"曾经在贫穷中挣扎的刘邦也有过"穷则思变"的强烈愿望,但要想改变命运,他脚下的路又该走向何方呢?

玖

人生有一件可怕的事情:等待,不确定的等待。等待伤痛的淡忘,也等待机会的到来。如果在冥冥之中有一个机会是注定要落在你头上的,你一定很想知道它什么时候会来。刘邦就是这样。司马迁在《史记·高祖本纪》中写了这么一个小故事:

> 高祖为亭长时,常告归之田。吕后与两子居田中耨。有一老父过,请饮。吕后因哺之。老父相吕后曰:"夫人天下贵人。"令相两子。见孝惠曰:"夫人所以贵者,乃此男也。"相鲁元,亦皆贵。老父已去,高祖适从旁舍来。吕后具言:

"客有过,相我子母皆大贵。"高祖问,曰:"未远。"乃追及。问老父。老父曰:"乡者夫人、婴儿皆似君。君相贵不可言。"高祖乃谢曰:"诚如父言,不敢忘德。"及高祖贵,遂不知老父处。

鲁迅曾经说过,《史记》是"史家之绝唱,无韵之《离骚》"。在一套《二十四史》中能当得起"史传文学"四个字的,也就只有这部书了。为什么其余正史中的纪传人物都更像僵硬刻板的符号,独有《史记》把他们写得有血有肉?我想这跟司马迁的写作素材,也就是史料来源是有关系的。

按照修史的通例,正史纪传的素材应该主要依据文字档案。以帝王事迹为例,皇帝每日的起居饮食应该记载在《日录》当中,至于他同大臣们讨论国政的重要言论则照例应由《时政记》来收录。前者记行,后者记言。将言行汇总到一起,编纂成一部完整的档案,便是《起居注》。皇帝驾崩之后,史官将根据《起居注》修撰反映先帝一生功过的《实录》,而这才是正史本纪的直接素材。这些素材对事实的记录大多严谨而简洁,很少有惟妙惟肖的形容。因此后世的正史纪传中,传主往往只有事迹而没有形象。

同上面的这种撰写方式不同,司马迁撰写《史记》的时候,在文字档案之外,还采用了相当比例的口述历史。之所以出现这种特点,是因为在《史记》的撰写过程中,司马迁所面临的主要困难之一就是原始档案的缺乏。且不说《周本纪》之前的内容因为年代太久远，许多重要历史事件发生在文字出现之前或刚出现不久，客观上不具备流传详细的文字记载的可能，就算是距离他相对比较近的时代，文字档案的缺失也可能相当严重，因为秦朝的焚书令要求将除了《秦纪》之外的其余国史全部焚毁，而《秦纪》本身则极有可能在项羽纵火咸阳的时候遭到了难以修复的破坏。

为了弥补文字档案的缺失，司马迁走访了全国许多地方，向当地故老询问他们对前朝历史的记忆，并将这些口述历史作为补充写进了《史记》。对这部分内容来说，越是细节性的记载，其失真的可能性就越大。比如《项羽本纪》中那久负盛名的"鸿门宴"，司马迁写道："项王东向坐，亚父南向坐。沛公北向坐，张良西向侍。"除非亲历宴会的人，谁能够知道这些细节？但司马迁写了，这里面容或掺入了历史口述者的想象成分。

同样的道理，《高祖本纪》中记载的那位看相的老先生，因行路口渴，向田中劳作的吕雉讨一碗水喝，顺便给吕雉母子看了看相，说："你们娘儿俩都是贵人呢。"当他走后，刘邦来到田里，听太太提起了这桩事情，赶紧问一句："人呢？""还没走远。"于是他巴巴儿地追上去请老先生给相一面。老先生说："夫人和儿子之所以富贵，都是因为您。君相贵不可言。"

这个故事的可疑成分很大。因为对这个相士而言，即便他曾经说过刘邦一家都是贵人的话,那也不一定是严谨的专业见解,有可能只是对吕雉招待他一点吃喝的投桃报李,漂亮话说说就把人情还了,何乐而不为?甚至有可能这个相士本身就是虚构的,因为司马迁说,当刘邦飞黄腾达之后还念叨着要报答这位相士当初的吉言,也就是说其他人知道这个相士的话有可能都源自刘邦的转述。他要是故意往自己脸上贴金呢?

因此我说这是《高祖本纪》中的一段"故事"而不是"记载"。从史实的角度说,它很可能是失真的,但从文学描写的角度说,它却极为生动。并不是因为它证明了刘邦"紫微入宫、左辅右弼"的皇帝命,而是它写出了一个胸怀大志的小人物在事业起飞之前的等待与彷徨。

《史记》说刘邦是一个有大志向的人,但他的志向却不为身边的人所欣赏。就连他一生中最得力的臂助——后来的汉朝相国萧何,那时都曾经非常不屑地说刘邦"固多大言而少成事"。我们不能去责怪萧何缺乏鉴人的眼光,因为当刘邦在咸阳见到出行的秦始皇时,"喟然太息,曰:'嗟乎!大丈夫当如此也!'"(《史记·高祖本纪》)一个出身贫民的泗水亭长居然在瞻仰秦始皇的时候产生了见贤思齐的奢望,你让萧何用哪一只眼睛能看出来他以后会"美梦成真"?

但是对一个能够成就大事业的人来说,有一个大梦想将是他成功的第一步,哪怕这个梦想不被别人欣赏。

在刘邦混迹于泗水亭长任上的那些年里,他最缺的应该就是能够与他并肩创业的志同道合之人。所以他滥酒,他玩女人,甚至狎侮同事以发泄心中的抑郁。他像一个在漫漫长夜中仓皇奔走的旅人,找不到光明的方向。这个相士虽然对他的事业并无帮助,但至少给了他安慰——往前走,天慢慢儿地就要亮了。刘邦巴巴儿地追上去讨到的吉言,翻译出来也不过就是这一句不痛不痒的闲话。闲话不重要,但是渴望成功的眼神,很重要!

当然,看好刘邦的人也不是只有这个相士,还有他的岳父吕公。在决定将女儿吕雉嫁给刘邦的时候,吕公说:"臣少好相人。相人多矣,无如季相!愿季自爱。臣有息女,愿为季箕帚妇。"

吕公语重心长地告诫自己的东床快婿:你要自爱,不能过分放纵自己。这就是说,刘邦不仅要等待,而且还得规规矩矩地等待。这种压抑的日子得有多难熬,个中滋味只有他自己知道。

富贵险中求。要想摆脱平庸的生活,就要舍得放弃到手的温饱。"泗水亭长"这个铁饭碗,刘邦很快就捧不住了,不管他还想不想继续捧着。

拾

在公元前209年,也就是秦二世胡亥登基的元年,刘邦接受了一项艰难的工作。他将为沛县押送一批苦力到关中的骊山墓地去服徭役。

秦朝末年的徭役之繁重是今天的人们难以想象的。根据后来人的统计，当时政府征发来服兵役和徭役的人力合计约二百万，占到了全国总人口的百分之十五。而根据出土的湖南里耶秦简记载，这些被征召的苦力仅一年的时间便死亡了七分之一。

因此前往骊山服役是一项被许多人视为畏途的工作。才刚一上路，就不断出现苦力逃亡的现象。对刘邦来说，如何处置这种状况是一个两难的问题：如果他不加以制止，那还没到骊山，这些苦力估计就都逃光了，完不成任务，他必将受到严厉的法律制裁；但他若强行加以制止，那极有可能出现陈胜、吴广起义那样的群体暴动，到那时他能不能保命都很难说。

就是在这个时候，刘邦做出了他一生中第一个重要的决定。当押送的队伍走到丰邑以西的大泽之中时，刘邦让大家停了下来。他趁着夜色对苦力们说："你们都逃命去吧，我也要跑了！"最终，有十几个胆大的苦力决定跟随刘邦。于是乎，从前循规蹈矩的泗水亭长摇身一变，成了朝廷通缉的江湖匪类。

在刘邦落草之后，《史记·高祖本纪》中又记载了一个关于他的灵异故事：

> 高祖被酒，夜径泽中，令一人行前。行前者还报曰："前有大蛇当径，愿还。"高祖醉曰："壮士行何畏！"乃前，拔剑击斩蛇，蛇遂分为两，径开。行数里，醉，因卧。后人

> 来至蛇所，有一老妪夜哭。人问："何哭？"妪曰："人杀吾子，故哭之。"人曰："妪子何为见杀？"妪曰："吾子，白帝子也，化为蛇，当道。今为赤帝子斩之，故哭。"人乃以妪为不诚，欲笞之。妪因忽不见。后人至，高祖觉。后人告高祖，高祖乃心独喜，自负，诸从者日益畏之。

东汉学者应劭在解释这个故事的时候说，嬴氏的先祖自以为居于西方，受到少昊之神的庇护，根据阴阳五行之说，西方属金，其色为白，因此从秦襄公到秦献公，这些秦国国君都曾经专门筑坛祭祀白帝。被刘邦趁着酒劲儿斩杀的那条白蛇就是白帝之子的化身。五行学说讲火才能克金，能绝了白帝之后的，只能是赤帝之子。这是炎汉的开国皇帝刘邦将要取代秦朝，君临天下的征兆。

如果我们把这个故事同之前写过的陈胜、吴广起义时"鱼腹藏书"的伎俩合起来看，陈胜、吴广的构思灵感来自儒家的"符瑞受命"学说，而刘邦故弄玄虚则有阴阳家的"五德终始"理论给他撑腰打气，学术水准可都不低呢。刘邦是一个不学无术的小吏，以他的文化水平要驾驭这样的故事恐怕不太容易。而且，在东汉第一学者郑玄面前都要拿三分架子的应劭，凭什么认认真真给刘邦的把戏作注解呢？

答案只能是：刘邦的故事背后多半有学者捉刀代笔！自秦朝的焚书令下达，天下私学一律被取缔。刘邦的弟弟刘交就是因为这条法令而辍学的。这些被秦朝剥夺了学术权力的读书人大概就是要通过这些故事来发泄他们心中对嬴秦暴政的不满。有他们在舆论上推波助澜，才会有更多的平民百姓被煽动起来参加反秦的斗争。

不但阴阳五行理论，甚至连"东南有天子气"的谶语刘邦也拿过来为自己做宣传。本来流行于楚地的"东南有天子气"是具有大国情结的楚人对秦朝仇恨的象征，它寓意楚人以秦朝的掘墓者自任，但并非要把这个掘墓者坐实在哪一个具体的人身上。但刘邦的太太吕雉却愣说，落草为寇的刘邦，他脑袋上那片云就是跟别的地方不一样，所以无论他藏到哪儿我都能给他找出来。

这出夫唱妇随的双簧实在不怎么高明，但它后来还真管用了。在陈胜吴广起义之后，刘邦的故乡沛县也有群众响应。沛县的父老子弟杀死了秦朝任命的县令，请刘邦回来主持大局。他们说："平日里我们都听到许多关于刘老幺的灵异传说。而且卦象上说了，坐沛公这个位置，刘老幺最吉利！"

真正冷眼旁观的是刘邦从前的同事们。萧何、曹参这些文吏都在心里默默盘算：造反是诛九族的事儿，窃国者侯，窃钩者诛，万一举事不成，出头的椽子要先烂的。所以他们都竞相把刘邦推向前台。至于刘邦脑袋上的祥云，稍微有点儿文化见识的萧、曹是不会听他忽悠的。

拾壹

在沛县起义之后,摆在刘邦面前的难题主要有两个。

首先,沛县地方太小,组织不起一支有规模的起义军。哪怕萧何、曹参、樊哙都全力以赴地协助刘邦组织起义队伍,全县满打满算也就凑了两三千人。相比之下,那个身处沛县东南方向,跟刘邦一样被民众推上县令之位的东阳人陈婴,刚刚起事的时候,仅在东阳一县就招募了两万人。

其次,不但起义军的规模小,实力弱,而且招募来的这两三千人也并不全都心甘情愿地听刘邦使唤。刘邦率领起义军向北攻击方与的时候,留下沛县世族雍齿镇守家乡丰邑,结果一向对刘邦的领导不大服气的雍齿在魏国的引诱下反水,这给了刘邦沉重的打击。多年之后,已经君临天下的刘邦荣归故里,宣布从此免除沛县百姓的徭役以示优遇。父老们在感激的同时提醒皇帝:丰邑是否也可以照此办理?刘邦说起往事,仍然耿耿于怀:"丰邑是我生长的地方,我从来没有忘记过它。我只是不能接受他们跟着雍齿一起来反对我。"家乡人带给了刘邦背叛的伤痛,至于那个带头造反的雍齿,刘邦告诉张良:"我这辈子最恨的人就是他!"不是刘邦小气,而是事业草创之际,他手里就只有这点本钱,经不起折腾。

在刘邦举义的时候，山东六国的贵族后裔们已经纷纷起来复国，天下迅速进入混战割据的局面。以刘邦这点实力要想自立山头实在太困难了，于是他选择了投靠项梁。慷慨的项梁给刘邦补充了五千军队、十员将领，并安排他与侄子项羽并肩作战。

对刘邦来说，项梁应该是他遇到的第一个贵人，但他真正迎来命运的转折却是在项梁阵亡以后。

本来刘邦与项羽搭档，接连多次击败秦军，但定陶一战，项梁战死，楚军大败，这次惨痛的失利最终促成了楚国军事战略的重大调整。调整的结果是，宋义、项羽和范增率领楚军主力北上救赵，而刘邦则领了一支偏师西入秦关。

从后来的形势发展看，楚怀王的这个安排是让刘邦得了便宜，避实击虚，占据了入关灭秦的首功，但在做出这个安排的当时，我推测楚怀王并没有刻意优待刘邦的意思，非但不是优待，甚至这是个其他人都不愿接手的烫山芋。

刘邦为什么会成为西征的优先人选？这里面可能有几个原因。

首先，在项梁战死之后，楚国的主要军事力量还剩项羽、吕臣与刘邦统领的三支军队。项羽是故楚的旧贵族，而吕臣则是陈胜的亲信，前者有渊源，后者有资历。所以项梁战死之后，楚国全面实行战略收缩，吕臣与项羽分别驻军彭城两侧，东西拱卫楚怀王。后来楚怀王甚至直接将这两支军队的指挥权收归自有，将他们变成名副其实的"中央军"。相比于这两支嫡系部队，被派驻到砀县的刘邦军更像是楚怀王眼里的地方杂牌武装。所以，命刘邦远征西秦，而安排项羽就近支援赵国，这里面应该有楚怀王保存实力、拥兵自重的考虑。

其次，在经历了陈胜与项梁两位军事统帅的阵亡之后，楚国内部对于秦朝的军事实力产生了严重的畏惧心理。"靠拳头打进函谷关去"的想法在怀王身边的老将们看来是不太现实的。相对于纯粹依靠军事手段，他们认为楚国更应该加强政治宣传，利用关中百姓对秦朝严刑峻法的不满情绪，鼓动他们起来配合楚国的西征行动。要实现这一战略目标，老将们认为最合适的西征人选就是刘邦。同项羽在战场上的无坚不摧比起来，刘邦善于做群众工作的特点容易被人忽略，但这恰恰是他最重要的长项：日后入关，约法三章，迅速赢得秦地百姓的支持就是最好的证明。

最后，刘邦从前曾经因为服徭役到过咸阳，还见到了秦始皇，对于西行入关的路线，沿途的关卡防御、民俗民情应该有所了解。

对刘邦来说，入关虽然是个艰巨的挑战，但同时也意味着难得的机遇，一个能够让他自立门户的机遇。因为楚怀王与众将领做了约定：谁先攻破函谷关占领秦地，谁就做关中王。

这本来是一张类似于周平王赐予秦襄公岐、丰之地的空头支票。周平王说："戎狄无道，侵夺我岐、丰之地，秦能攻逐戎，即有其地。"(《史记·秦本纪》)而楚怀王明知道诸将都畏惧秦军,不利先行入关,于是画了大饼,"先入关者王之"。

但秦国当初既然能领着这张空头支票打出一片江山来,那刘邦又何尝不可?何况刘邦投靠项梁并非出于对楚国的忠心,就像刘备投靠曹操一样,他始终是要走的。入关为王,这便是自立门户的绝好机会。

我相信,当刘邦决心西征的时候,他对关中王这个位置是志在必得的。这从后来的两件事情上可以看得出来。

首先,刘邦最初计划的西征路线是从砀县沿睢水北上,先攻克洛阳,然后经函谷关入秦。这条线路应该是刘邦从前去咸阳时走过的。虽然这条路线比较近,但是沿途秦军的防御能力却非常强大。洛阳是中原的核心城市,而函谷关则是关中的东大门,以刘邦薄弱的军力基本啃不动这些重镇。事实也证明,刘邦在洛阳以东与秦军交战,攻坚不利。但即便如此,他也不允许别人染指关中。就在刘邦攻打洛阳的时候,经营河内的赵将司马卬有意渡过黄河,南下入关。刘邦得知这个消息,抢先攻占了平阴,毁掉黄河渡口,截断了司马卬的道路。这同后来刘邦封闭函谷关,将项羽等山东诸侯挡在关外的行动如出一辙。按照楚怀王与众将领当初的约定,"先入关者王之",既然有个"先"字,就意味着其他人也有竞争的机会,包括项羽,但刘邦却把西征当作他的专属。后来楚汉相争,刘邦在广武数落项羽的十大罪状,其中提到

"项羽解了巨鹿之围以后应该返回彭城向楚怀王还报,可是却擅劫诸侯兵入关",这是摆明了想吃独食,不准他人分一杯羹。

其次,刘邦在洛阳受挫之后,绕道南阳,从武关入秦,刚刚接受了秦王子婴的投降,就迫不及待地向大家宣布:"吾当王关中。"而这个关中王在项羽分封的时候刘邦没有拿到,这便成了他数落项羽十大罪状的第一条:"负约,王我于蜀汉。"项羽的这条罪过之大,甚至排在了贼杀义帝之前,可见对关中王这个位置,刘邦是多么垂涎。

刘邦之所以这么想当关中王,除了自立门户的迫切愿望之外,跟他对关中的记忆可能也有关系。刘邦早年去咸阳服徭役的时候,司马迁说他"纵观"——尽情地欣赏咸阳的风光。帝都的雄伟壮丽、始皇帝的威严仪仗给他留下了深刻的印象。作为秦始皇的"忠实崇拜者",他情不自禁地发出了"大丈夫当如此也"的感慨。如今有机会在秦朝的龙兴之地践祚称王,刘邦又怎能放过这个机会?

在刘邦竞逐关中王的道路上,对他威胁最大的人是项羽。因为当刘邦还在谋划如何突破武关的时候,项羽已经招降章邯,扫清了河北的秦军。章邯投降之后,项羽封他为"雍王",这明显是为今后的"秦人治秦"预先布局。

我们不能说封章邯为雍王这招棋是项羽刻意针对刘邦放出来的。因为从历史上看,刘、项二人在之前的并肩作战中应该建立了相当融洽的战友关系。当刘邦受命西征的时候,其他将领对此避之唯恐不及,唯一一个主动请缨,要求与刘邦共同西进的就是项羽。注意,项羽的要求不是把他和刘邦的任务调换,让刘邦北上救赵,让他西征,而是要求与刘邦一同西征。当所有人都把西征关中视作硬闯龙潭虎穴的时候,项羽出征一定会选择自己最信赖的战友,而他的选择是刘邦。另外,在项羽封章邯为雍王的当时,刘邦的确还没能攻破武关,项羽只是根据楚怀王与诸将的约定,在救赵之后继续西进,笼络章邯也是为了顺利入关。而且从地理上说,项羽从河北穿过河内,在洛阳北面渡过黄河,然后叩关函谷,距离并不远,他与刘邦谁能率先入关尚未可知。

但最终的结果是刘邦率先入关了,而随后入关的项羽并没有承认刘邦为关中王,反而将他分封到了汉中。项羽之所以这样做,是因为他必须要维护一条分封原则,那就是随他征战的军功新贵一定要获得分封的优先权,他不能为刘邦一人破例而得罪一大批追随者。这埋下了刘、项二人最终决裂的伏笔。

拾贰

刘邦从什么时候开始有了夺取天下的想法呢?

关于这个问题的答案,项羽的谋士范增在鸿门宴之前说:

"沛公居山东时,贪于财货,好美姬。今入关,财物无所取,妇女无所幸,此其志不在小。吾令人望其气,皆为龙虎,成五采,此天子气也。急击勿失!"

——《史记·项羽本纪》

照范增看来,似乎刘邦在刚一入关的时候就已经在为夺取天下预做准备了。

但在戏下封建之后,刘邦之国,准备就任汉中王,韩王信却对他说:

"项羽王诸将之有功者,而王独居南郑,是迁也。军吏士卒皆山东之人也,日夜跂而望归,及其锋而用之,可以有大功。天下已定,人皆自宁,不可复用。不如决策东乡,争权天下。"

——《史记·高祖本纪》

韩王信只说到从南郑杀回关中去,"可以有大功",并没有说"可以有天下",又似乎刘邦君臣此时对未来的远景规划比范增想的要保守。

刘邦本人第一次亲口说出夺取天下的话,是在公元前205年的四五月间。那时刘邦率领的五诸侯联军共计五十六万人在彭城被项羽亲自指挥的三万精兵杀得丢盔弃甲,流血漂橹。汉军的尸体填满了睢水,睢水为之断流,连刘邦的父亲刘老太公和妻子吕雉都做了项羽的俘虏。

可就在刚刚经历了这样的惨败之后,刘邦居然信心满满地对不争气，在背叛项羽之后很快就被楚将龙且击溃，没有起到有效牵制项羽的作用，但韩信和彭越随后填补了黥布的空缺，正是他们在齐地和梁地对楚国发起的牵制作战，最终消耗并拖垮了项羽。

"大风起兮云飞扬"，项羽的人头落地，象征着三代以来世袭贵族政治的黯然落幕，而那个曾经低在尘埃里的贫民刘季已经迎风而上。汉朝，一个至今仍被中国人津津乐道的强盛王朝就在高祖刘邦的手里孕育而生了。

随何说:"你这趟出使,只要能说服九江王黥布举兵叛楚,项羽一定会受他牵制。如果黥布能够拖住项羽几个月的话,吾取天下必矣!"

能从这样的惨败中看到胜利的曙光,单凭这一点,刘邦就是一个非常可怕的对手。事实上,刘邦之所以敢在此时说出"取天下必矣"的豪言,是因为经过这次战役他已经看明白了,项羽在军事上最大的弱点是缺乏宏观战略思维。

在公元前206年的戏下封建之后,项羽分封的十八路诸侯各自之国。齐国田荣因为对项羽的分封不满,率先反叛。而刘邦趁着项羽北上攻击田荣的时机,从汉中还定三秦,先后击溃了项羽分封于关中的三位诸侯王——雍王章邯、塞王司马欣和翟王董翳,将他垂涎已久的关中地区全部收入囊中。

面对来势汹汹的刘邦,项羽的应对显得非常迟钝。他一直滞留在齐地,甚至在已经杀死田荣之后还不迅速掉头西进,反而因为不必要的烧杀泄愤激起齐国百姓新一轮的反叛,拖累了自己的脚步,这才让刘邦有机可乘,劫持五诸侯兵攻占楚都彭城。虽然项羽闻讯之后从齐地回师,并在彭城以西大败汉军,但他在大局观上的不足已经被刘邦看了个明明白白。从此之后,刘邦对付项羽的办法就是不断地开辟新战线,让项羽在多线作战当中疲于奔命。

派遣随何策反九江王黥布就是这个战略的第一步。虽然黥布